经济管理
与人力资源管理研究

陈洪国　唐倩倩　周　洋◎主编

中国商业出版社

图书在版编目（CIP）数据
经济管理与人力资源管理研究 / 陈洪国，唐倩倩，
周洋主编. -- 北京 ： 中国商业出版社，2025. 5.
ISBN 978-7-5208-3404-9
Ⅰ. F2
中国国家版本馆CIP数据核字第2025LV9345号

责任编辑：袁　娜

中国商业出版社出版发行
（www.zgsycb.com　100053　北京广安门内报国寺 1 号）
总编室：010-63180647　编辑室：010-83128926
发行部：010-83120835/8286
新华书店经销
武汉市卓源印务有限公司印刷
*
710 毫米 ×1000 毫米　16 开　6.75 印张　100 千字
2025 年 5 月第 1 版　2025 年 5 月第 1 次印刷
定价：68.00 元
****
（如有印装质量问题可更换）

前言

在当今瞬息万变的全球经济环境中，经济管理与人力资源管理已成为推动企业稳健前行、提升竞争力的两大核心动力。它们如同企业的双翼，引领着企业在复杂多变的市场环境中翱翔，探索新的发展机遇。本书正是基于这样的时代背景而精心编写的，旨在为经济管理领域的学者、从业者及学生提供一本集理论精髓与实践智慧于一体的研究指南。

经济管理作为指导企业资源配置、战略规划与运营管理的关键学科，其内涵丰富而深刻。在这一部分，本书首先探讨了经济与管理的关系，阐释和分析了经济和管理的概念与联系，介绍了经济管理研究的内容，阐述了经济管理的性质、原则和职能。然后聚焦于经济管理的具体活动，介绍了筹资活动的定义、分类、管理，以及投资活动的概念与相关管理、经营活动相关概念、经营税务管理等内容。

人力资源管理是企业管理的关键环节，关乎企业的人才战略、组织文化及员工发展。本书的人力资源管理基础认知部分，首先介绍了人力资源管理的定义、重要性及发展趋势，接着深入探讨了人力资源规划的概念、流程以及供需分析，包括人力资源规划的基础概念、流程设计以及需求、供给的预测与平衡。进一步地深入人力资源管理的关键流程，详细介绍了职位分析的方法步骤、职位设计的原则和方法，以及招聘与选拔的渠道、方法和流程。

本书旨在为读者提供一本全面、深入、实用的经济管理与人力资源管理研究手册，帮助读者在探索经济管理与人力资源管理奥秘的过程中，不断提升专业素养和综合能力。无论你是经济管理领域的学者、从业者还是学生，本书都将成为你提升自我、追求卓越的有力助手。让我们携手共进，共同推动经济管理与人力资源管理研究与实践的深入发展。

目 录

第一章　经济管理综述

第一节　经济与管理的关系

一、经济

（一）经济的概念

现代汉语中所使用的“经济”一词，是我国近代学者严复翻译日本著作时引进的词语，并且随着社会的不断进步，“经济”一词在汉语中的含义更加广泛。经济是人类社会存在的物质基础。与政治一样，经济也属于人类社会的上层建筑，是构建人类社会并维系人类社会运行的必要条件。在不同的语言环境中，“经济”一词有不同的含义。它既可以指一个国家宏观的国民经济，也可以指一个家庭的收入和支出。“经济”有时作为一个名词，指一种财政状态或收支状态；有时候也可以作为动词使用，指一种生产过程等。

1.“经济”在我国古代的含义

“经济”一词是经邦济世、经国济世或经世济民等词的综合和简化，含有“治国平天下”的意思。在我国古代文化中，“经济”一词的内涵十分丰富，涵盖了丰富的社会内涵和人文思想，它代表着知识分子的责任。“经济”一词在我国古代汉语中主要是指宏观层面上治理国家、拯救庶民。

2.“经济”在近现代的含义

随着时代的变迁，“经济”一词逐渐具有了现代社会中人们经常使用的含义。在日常生活中，人们认为经济是指耗费少而收益多，有时也指财力、物力或个人的收支状况。

到了现代，不同的学者从不同的角度解释经济，使“经济”一词的内涵更加丰富。同时由于西方经济学中的经济学有多种定义，但经济的定义并不明确。在西方经济学家看来，经济是经济学的研究对象，是一个实体，不需要对其进行定义。因此，西方经济学中的“经济”一词的定义比较模糊，故而西方经济学的定义也不明确。

目前，国内不同的学者从不同的角度，给出了不同的定义，如经济是指创造财富的过程；经济是指利用稀缺的资源生产有价值的商品，并将它们分配给不同的个人；经济是指资源配置的全过程及决定影响资源配置的全部因素等。[①] 因此，我们一般认为经济就是稀缺资源的配置和稀缺资源的利用。

（二）资源和资源的稀缺性

1. 资源

生产经济物品的资源既包括经过人类劳动生产出来的经济物品，也包括大自然形成的自然资源。资源，也叫生产资源、生产要素，通常包括劳动、土地、矿藏、森林、水域等自然资源，以及由这两种原始生产要素生产出来再用于生产过程的资本财货，一般把它分为经济物品（即国民财产）和自由物品（即自然资源）。在经济学中，一般认为资源包括资本、劳动、土地和企业家才能四种要素。土地和劳动这两种生产要素又被称为原始的或第一级的生产要素，其中土地泛指各种自然资源。由两种原始生产要素生产出来的产品，除直接用来满足人的消费需求外，再投入生产过程中的资本财货则称为中间产品。

2. 资源的稀缺性

在现实生活中，人们需求的满足绝大多数是依靠经济物品来完成的，对于人的欲望来说，经济物品或生产这些经济物品的资源总是不足的，这种相对有限性就是资源的稀缺性。物品和资源是稀缺的，社会必须有效地加以利用，这是经济学的核心思想。理解资源稀缺性这一概念时，要注意以下几点。

（1）必要性

经济学研究的问题是由于资源稀缺性的存在而产生的，没有资源稀缺性就没有经济学研究的必要性。如在农业生产中，需要解决的主要经济问题是如何通过合理配置和利用土地、种子、机械设备、劳动力等稀缺资源，使之与自然界中的空气、阳光等自由物品相结合，生产出更多的产品，以满足人类社会不断增长的物质和文化生活的需要。

---

① 王成，李明明 . 经济管理创新研究 [M]. 北京：中国商务出版社，2023.

（2）相对性

资源稀缺性强调的不是资源绝对数量的多少，而是相对于人类社会需要的无限性而言的资源的有限性。从这一点来理解，资源的稀缺性是一个相对性的概念，它产生于人类对欲望的满足和资源的不足之间的矛盾。某种资源的绝对数量可能很多，但人们所需要的更多；某些资源的数量是相对固定的，如土地，而人类的需要则是无限增长的，随着人类社会的发展，土地资源的稀缺性会表现得越来越突出。

（3）永恒性

对于人类社会来说，资源稀缺性的存在是一个永恒的问题。除泛在性自然资源外，其他资源都是稀缺资源，任何人、任何社会都无法摆脱资源的稀缺性。资源稀缺性的存在是人类社会必须面对的基本事实。随着社会发展以及生产和生活水平不断提高，人类的需要会不断增加，同时，自由物品也会逐渐变成经济物品。需要的无限性是人类社会前进的动力，人类永远都要为满足自己不断产生的需要而奋斗。

（三）资源配置和资源利用

1. 资源配置问题

人类的欲望具有无限性和层次性，但在一定时期内，人类的欲望又具有相对固定性，而且有轻重缓急之分。人类首先得满足自身生命的基本需要，此时其他的需要都退居次要地位。那么，在资源有限的条件下，如何利用有限的物品和服务，在有限的时间内去满足最重要、最迫切的欲望，怎样使用有限的、相对稀缺的生产资源来满足无限多样化的需要，这是一个经济问题，要求人们必须对如何使用稀缺资源做出选择。所谓选择，就是如何利用既定的有限资源去生产尽可能多的经济物品，以便最大限度地满足自身的各种需求。

选择是经济学中首先需要解决的问题，它涉及机会成本和资源配置问题。机会成本是作出决策时所放弃的另外多项选择中的潜在收益最高的那一项潜在收益。机会成本是经济活动中人们面临权衡取舍时的基本准则，也是一种经济思维方式。

2. 资源利用问题

在社会资源既定和生产技术水平不变的情况下，人类的生产情况有三种。第一种情况是现实生活中稀缺的资源和经济物品没有得到合理的利用，存在资源浪费现象；第二种情况是稀缺的资源和经济物品得到了合理的利用；第三种情况是在现有的资源和技术水平条件下，既定的稀缺资源得到了充分利用，生产出更多的产品，这是由人类欲望的无限性决定的。这样在资源配置既定的前提下，又引申出资源利用问题。

资源利用就是人类社会如何更好地利用现有的稀缺资源，使之生产出更多的经济物品和服务。

3. 经济制度

资源配置和利用的运行机制就是经济制度。当前世界上解决资源配置与资源利用的经济制度基本有以下几种。

（1）计划经济制度

生产资料国家所有，靠政府的指令性计划或指导性计划来做出有关生产和分配的所有重大决策，即通过中央的指令性计划或指导性计划来决定生产什么、如何生产和为谁生产。政府像管理一个大企业那样管理一个国家的经济运行，这是20世纪苏联所采取的经济制度。在生产力不发达的情况下，计划经济有其必然性和优越性，可以集中有限的资源实现既定的经济发展目标。但在生产力越来越发达以后，管理就会出现困难，漏洞也越来越多，计划经济就无法有效地进行资源配置了。计划经济是政府通过它的资源所有权和实施经济政策的权力来解决基本的经济问题。按劳分配是计划经济制度条件下个人消费品分配的基本原则，是计划经济制度在分配领域的实现形式。

（2）市场经济制度

市场经济是一种主要由个人和私人企业决定生产和消费的经济制度。市场经济体制包含价格、市场、盈亏、激励等一整套机制，通过市场价格的调节来决定生产什么、生产多少、如何生产和为谁生产。厂商生产什么产品取决于消费者的需求，如何生产取决于不同生产者之间的竞争。在市场竞争中，生产成本低、效率高的生产方法必然取代成本高、效率低的生产方法。为谁生产是分配问题，市场经济中分配的原则是按劳动要素分配，是按照资金、技术、管理等进行的分配，其目的是更好地促进生产力的进一步发展。

市场经济的运转是靠市场价格机制的调节来实现的，从总体上看比计划经济效率更高，更有利于经济发展。但市场经济也不是万能的，市场经济制度也存在缺陷，也存在“市场失灵”的现象。

（3）混合经济制度

纯粹的计划经济和市场经济各有其利弊，所以现实中的经济制度大都是混合的经济制度，总是以一种经济制度为主，以另一种经济制度为辅。混合经济制度就是指市场经济与计划经济不同程度地结合在一起的一种资源配置制度，它是既带有市场成分，又有指令或指导成分的经济制度。解决经济问题既有赖于市场价格机制，又有赖于政府的调控和管制，如对于垄断行为，政府就要实施干预。在现实中许多国家的经济制度都是市场与计划不同程度结合的混合经济制度。

二、管理

（一）管理的概念

管理的概念从不同的角度和背景，可以有不同的解释。管理的定义是组成管理学理论的基本内容，明晰管理的定义也是理解管理问题和研究管理学最起码的要求。从字面上来看，我们可以将管理简单地理解为“管辖”和“处理”，即对一定范围内的人员及事务进行安排和处理。从词义上，管理通常被解释为主持或负责某项工作。人们在日常生活中对管理的理解也是这样，也是在这个意义上去应用“管理”这个词的。自从有了集体协作劳动，就有了管理活动。在漫长而重复的管理活动中，管理思想逐步形成。

管理包含以下含义：管理的目的是有效地实现组织的目标；管理的手段是计划、组织、协调、领导、控制和创新等活动；管理的本质是协调，即利用上述手段来协调人力、物力、财力等方面的资源；管理的对象是人力资源、物力资源、财力资源和各项职能活动；管理的性质是人的有目的的社会活动。

（二）管理的属性

管理的属性是指管理既是科学也是艺术。一个成功的管理者必须具备这两方面的知识。管理的知识体系是一门科学，有明确的概念、范畴和普遍原理、原则等。管理作为实践活动是一门艺术，是管理者在认识客观规律的基础上灵活处理问题的一种创新能力和技巧。管理是科学性与艺术性的统一。

首先，管理是一门科学。它是以反映管理客观规律的管理理论和方法为指导，有一套分析问题、解决问题的科学方法论。管理科学利用严格的方法来收集数据，并对数据进行分类和测量，建立一些假设，然后通过验证这些假设来探索未知的东西，所以说管理是一门科学，要求人们在社会实践中必须遵循客观规律，运用管理原理与原则，在理论的指导下进行管理工作。管理已形成了一套较为完整的知识体系，完全具备科学的特点，反映了管理过程的客观规律性。我们如果不承认管理是一门科学，不按照经济规律办事，违反管理的原理与原则，就会遭到规律的惩罚。

其次，管理是一门艺术。艺术没有统一模式，没有最佳模式，必须因人而异，因事而异。管理者要搞好管理工作，必须努力学习科学管理知识，并用以指导管理工作，在实践中不断提高管理水平。管理是合理、充分地运用一系列已有知识的一门艺术。管理是艺术的根本原因在于管理最终是管人，没有人就没有管理。但人不是标准统一的零件和机器，人是有思维和感情的，管理必须因人、因事、因时、因地，灵活多变、创造性地去运用管理的技术与方法。世界上没有两个同样的人，世界上也没有两个同样的企业。因此，管理永远具有艺术性。

（三）管理的两重性

任何社会生产都是在一定的生产关系下进行的。管理，从最基本的意义来看，一是指挥劳动，二是监督劳动。由于生产过程具有两重性，既是物质资料的再生产过程，同时又是生产关系的再生产过程。因此，对生产过程进行的管理也就存在两重性，一是与生产力、社会化大生产相联系的管理的自然属性；二是与生产关系、社会制度相联系的管理的社会属性。这就是管理的二重性，也是管理的性质。

1. 自然属性

自然属性是管理与生产力、社会化大生产相联系而体现出的性质。由共同劳动的性质所决定，是合理组织生产力的一般职能。这是社会主义和资本主义都相同的，与生产关系、社会制度无关，是我国改革开放后要引进和学习的部分，这部分体现在管理理论、方法与技术方面，是管理学的共性。

2. 社会属性

社会属性是管理与生产关系、社会制度相联系而体现出的性质。由生产关系的性质和社会制度所决定，是维护和完善生产关系的职能，是社会主义与资本主义的本质区别，是我国坚持中国特色社会主义管理的部分，是管理学的个性。

研究管理的二重性，一是有助于正确吸收和借鉴国外先进管理理论和管理方法，二是有助于总结和吸收我国古代管理思想的精华，三是有助于对我国当前管理实践的考察与研究。

三、经济与管理的关系分析

经济与管理是相互联系的，所有的经济活动中都含有管理活动，所有的管理活动都是在一定的经济规律指导下进行的。经济与管理都有自己的客观规律，与自然规律一样，在一定的社会历史条件下的经济规律、管理规律具有客观性。人们既不能消灭也不能创造与制定这些经济规律、管理规律，任何管理活动都必须遵循经济规律，按照经济规律的要求办事，否则就要受到经济规律的惩罚。

（一）管理与经济效益

经济利益是推动企业发展和员工发展的动力源泉，经济效益是检验企业管理绩效的重要指标。如何使两者得到兼顾与协调，是经济管理中的一个重要问题。

1. 利益驱动

经济利益是物质的统称，是指在一定社会经济形式下，人们为了满足需要所获得的社会劳动成果。经济关系能够通过经济利益体现出来，经济利益是人们从事社会生产活动和其他社会活动的物质动因。从根本上说，人们为了获得生存需要的物质、文化、生活资料，即物质利益，进行管理活动，只有有效的管理才能实现社会经济利益。在获得物质利益和个人利益的过程中，一个人的管理能力起着主要作用，而个人的素质也是首要条件。在很多情况下，个人利益可以等同于社会利益，但在一些特殊的情况下，不能将两者等同起来。个人利益要服务于社会利益时，或者说需要管理者能够自觉地以社会利益去约束个人利益时，管理者的素质高低将起到关键作用。加强管理者素质教育与培养，不是完全忽视个人利益，而是使管理者了解人们的利益驱动来进行管理，以实现个人利益和社会利益的统一。

2. 经济效益

经济效益是指经济活动中劳动占用、劳动耗费与劳动成果之间的对比关系。经济效益的高低与管理有很大关系。企业中管理规范，就会在生产同等成果的条件下，减少生产中的劳动占用和劳动耗费，或在劳动占用和劳动耗费相同的条件下，多生产一些劳动成果。

经济效益的高低能够反映出管理水平的优劣。企业的经济效益是衡量企业管理水平的重要尺度。根据实际的市场需求，使用先进的技术，降低生产成本，不断完善企业管理和提高管理水平的企业，一般都会产生好的经济效益。

（二）经济规律指导下的管理活动

管理和经济在现实中是不可分割的，不讲经济的管理与不讲管理的经济都是令人难以置信的。在我国早期历史上，经济是经邦济世、经国济民的意思，是讲如何理财和如何管理的社会活动。而在西方语言学中，“经济”一词的出现则是从古希腊“家庭管理”这个词演变而来的，在当时就是管理的意思。

1. 经济活动中的管理活动

任何一种经济活动都需要有人去管理，没有管理的经济活动是不存在的。从某种意义上说，企业经营的状况和变化都是经济规律制约下一定管理行为的结果。有什么样的管理，就会有什么样的经济状况。一定的经济状况又反映管理活动的相应水平，这是经济规律制约下管理活动的普遍规律。在社会主义市场经济条件下，微观经济意义上的厂商管理和家庭管理都是在追求利润或效用最大化，企业要按照自主经营、自负盈亏依靠市场导向进行管理，这种管理水平则直接影响经济实体的经济效益、竞争力和兴衰存亡。宏观经济意义上的管理是指在自觉掌握和运用社会发展、经济发展客观规律的前提下，对整个社会以及国民经济的性质、任务、特点、条件等进行估量分析以及科学的预测，制定社会和国民经济的发展方针、计划、目标、政策和制度，以确定其发展的根本原则和方法。宏观管理一般包括广义的社会管理、经济管理、信息与发展的管理，以及其各自领域的管理对中观管理和微观管理起引导、指导和向导的作用。如果没有科学的宏观管理，整个经济环境就不好，企业的经济活动也就无法正常开展。宏观经济意义上的管理最主要体现在国民经济管理上，国民经济管理是广泛运用社会科学、自然科学、技术科学等多学科知识，研究宏观经济运行规律及其管理机制。它主要研究如何对国民经济进行科学的决策、规划、调控、监督和组织，以保证整个国民经济的有效运行，主要包括消费需求管理、投资需求管理、经济增长调控、产业结构转换与产业组织优化、区域经济管理、涉外经济管理、收入分配调控与社会保障等。

由此可见，在人类历史的长河中，管理活动和经济活动历来就像一对无法分离的亲兄弟，更明白地说，任何一种管理活动都是经济活动中的管理活动。

2. 管理活动中的经济规律

在现实经济生活中，任何管理活动都必须遵循客观的社会规律、经济规律和社会心理规律等，其中经济管理活动必须在经济规律的指导下进行。经济规律是指在商品生产、服务和消费等过程中各种复杂的经济联系和现象的规律性。经济规律是经济现象和经济过程内在的、本质的、必然的联系和关系。比如供求规律，就是指市场上的商品价格由商品供求状况来做出决定的规律，供求双方或其中任何一方的变动，都会引起商品价格的变动，这个规律是客观存在的。企业管理者在投资、生产、销售、定价等过程中，就必须掌握和应用经济规律，不能违背，因为经济规律是客观存在的，是不以人们的意志为转移的。尊重经济规律，是每一个管理工作者应有的科学态度，人们可以认识和利用经济规律，但不能无视经济规律。凡是不按照经济规律办事的做法，不管当时的动机如何，最终都不可避免地要受到经济规律的处罚。

（三）利润最大化目标下的管理活动

1. 利润最大化目标下的企业管理活动

企业是经济研究的对象，也是管理研究的对象，企业是营利性的经济组织，实现利润最大化是每一个企业最重要的经营目标。利润最大化表现为成本既定情况下的产量最大，或产量既定情况下的成本最小。企业追求利润最大化是在管理科学、规范的条件下实现的，企业只有管理规范、科学，才能获得较高的利润，才能为消费者提供更多更好的商品，才有能力研制新的产品，才能向国家缴纳更多的税金，才能使员工得到更多的收入，企业才有可能获得更好的发展，它是企业生存和发展的必要条件。因此，在环境、技术、设备、资金、主业情况基本相同的情况下，管理的科学化将在实现利润最大化的过程中发挥重要作用。企业的科学管理需要做到以下几点：一是拓宽市场，提高产品的竞争力，根据市场需求组织生产，以获得最佳的经济效益。二是加强经济核算，降低产品的生产成本。利润是产品收益和产品的生产成本之间的差额，产品的生产成本越低，获得的利润越高。三是发展生产，扩大生产规模。产品的生产成本会受到生产规模的影响，扩大生产规模能够降低生产成本，提高利润。

2. 效用最大化目标下的个人管理活动

消费者每天都涉及管理问题，如一天中时间的管理与分配，手中的钱如何管理才能够升值，消费者每天都要就如何配置稀缺的钱和时间做出很多次选择。当消费者平衡各种各样的需求与欲望时，就是在作出决定自己生活方式的各种选择、决策。消费者是在效用最大化的条件下作出管理决策的，效用最大化是经济学研究的主要问题，也就是说，个人是在效用最大化目标下从事个人理财、时间管理等活动的。

（四）不同体制下的管理活动

资源配置和资源利用的运行机制就是经济制度。从历史的角度看，解决资源配置与资源利用的经济制度经历了自然经济制度、计划经济制度、市场经济制度和混合经济制度等阶段。任何一种社会经济制度都面临着如何科学、合理地配置稀缺生产资源的问题，即“生产什么”“如何生产”“为谁生产”的问题。如何配置和利用资源，在不同的经济制度下，有不同的管理方式，从人类发展的历史来看，主要有分散型管理、团队型管理和混合型管理三种方式。

纵观经济发展史可以看出，个人是经济活动的最初决策者，这些个人对自己物品的管理以及个人所从事的活动，都可以称为分散型管理。分散型管理的优点是：管理主体能够对自己的劳动资源进行很好的控制；独立的决策权能够保障决策主体的动力。但分散型管理也有一定的缺点：由于个人能力的限制，决策失误的概率较大；分散型管理势必会加大交易费用，使决策成本增加。

团队型管理是对资源进行配置的另一种极端方式，即“生产什么”“如何生产”“为谁生产”的问题全部由团队讨论决定。与分散型管理相比，团队型管理能够汇集大量的信息，使决策信息更加全面和准确，这是分散型管理不具备的；团队型管理能够集中多个人的智慧，避免个人的主观片面性。但团队型管理的时效差，反复磋商讨论会延误决策时机；团队型管理的人员多，管理成本必然高；团队型管理往往会导致无人负责或推卸责任的情况发生。

在现实生活中，经常见到的是分散型管理与团队型管理相结合的混合型管理。在企业生产经营中，决策权、人权、财权、最终决定权往往要采取团队型管理，而一些执行权、业务权等往往要采取分散型管理。

第二节　经济管理研究的内容

一、经济学研究的基本内容

随着商品经济的发展和社会分工的深化，人类经济管理活动的内容越来越复杂和丰富，专业化程度越来越高，部门分化越来越细；同时，各种经济管理活动之间、经济活动与其他社会活动之间也越来越相互依存、相互渗透。为了适应这种现实经济情况的发展，经济管理的研究范围也越来越宽泛，研究的内容也越来越庞杂。

在传统上，理论经济学也叫作一般经济理论，可分为宏观经济学和微观经济学两部分。微观经济学主要是分析市场经济中单个经济单位的经济行为，即生产者和消费者的经济行为。宏观经济学主要研究国民经济，分析国民收入、物价水平等总量的决定和变动。微观经济学和宏观经济学紧密相连，宏观经济学是建立在微观经济学的基础上的，两者是个体与整体的关系，是互相补充的，所以要理解宏观经济理论和政策，就必须了解微观经济理论和政策。

（一）微观经济学

1. 微观经济学的含义

微观经济学借助于研究个体经济单位的经济行为，来分析现代经济社会市场机制的运行和作用以及改善这种运行的途径。微观经济学将价格分析作为其分析核心。因此，微观经济学也叫作价格理论。

2. 微观经济学的特点

微观经济学的核心问题是价格机制如何解决资源配置问题，在理解微观经济学时要注意以下几个特点。

（1）研究的对象

微观经济学研究的对象主体是居民与厂商。居民又称为居民户或家庭，是经济活动中的消费者，同时也是劳动力、资本等要素的提供者。在微观经济学中，假设居民户经济行为的目标是追求效用最大化，即研究居民户在收入既定的条件下，使用既定收入购买商品，购买多少商品能够实现最大限度的满足。厂商又称企业，是经济活动中的生产者，同时也是劳动力、资本等要素的消费者。微观经济学中，假设厂商经济行为的目标是追求利润最大化，即研究厂商在成本费用既定的条件下，如何实现产量最大化，或在产量既定的条件下，如何实现成本最小化。①

（2）中心理论

价格理论是微观经济学的中心理论。市场经济中，价格被称为“看不见的手”。它能够对生产者和消费者的经济行为进行引导和支配。生产者生产什么产品、如何生产这些产品都由价格决定。价格调节着社会资源的配置，使资源配置更加合

① 李晶．经济管理理论与经济发展探索 [M]. 北京：线装书局，2024.

理。价格理论是微观经济学的核心内容，决定价格水平的是需求和供给两个因素，需求是消费者行为理论研究的，供给是厂商行为理论研究的，两者就像剪刀的两个刀片共同决定了支点，即均衡价格。

（3）解决的问题

微观经济学解决的问题是资源配置的问题。微观经济学以资源利用为前提条件，研究居民户和厂商的资源配置问题，从而使资源配置达到最优化，给社会带来最大的福利。

（4）研究方法

微观经济学的研究方法是个量分析。微观经济学研究的都是某种商品的产量、价格等个量的决定、变动和相互间的关系，而不涉及总量的研究。

3. 微观经济学的内容

（1）厂商行为理论

厂商行为理论，也称为生产者行为理论，分析厂商怎样在商品生产方面使用有限的稀缺资源，实现利润最大化。厂商行为理论包括生产理论、成本收益理论和市场结构理论。

（2）消费者行为理论

消费者行为理论研究消费者如何把有限的收入分配到各种物品和服务的消费上，以实现效用的最大化，解决生产什么和生产多少的问题。

（3）价格理论

价格理论，也称为均衡价格理论，主要研究商品的价格是如何决定的以及价格如何调节整个经济的运行。

（4）收入分配理论

收入分配理论研究生产出来的产品按照什么原则来分配，也就是研究生产要素的报酬是如何决定的，即工资、利息、地租和利润是如何决定的。解决为谁生产的问题。

（5）市场失灵与政府干预

市场机制不是万能的，主要研究市场失灵产生的原因、解决办法以及政府干预的必要性。

4. 微观经济学的三个基本假定

任何一个理论的成立都是有一定前提条件的。微观经济学理论也是以一定的假设作为前提条件的。微观经济学理论中有许多假设条件，以下是三个基本假定条件。

（1）市场出清

市场出清是指在充分利用社会资源的情况下，借助于价格波动调节社会资源配置，使市场实现充分就业。出清的市场中不存在定量配给、资源闲置、超额供给和超额需求。

灵活的商品价格能够平衡市场需求和市场供给，使社会资源得到充分利用，消除资源闲置和资源浪费。也就是在价格可以灵活升降的前提下市场能够实现就业供求平衡。

（2）完全理性

微观经济学假定生产者和消费者的经济行为是理性的，消费者为使自己得到满足将自己的收入用于消费，即追求效用最大化。与消费者不同，生产者一般追求利润最大化。

在微观经济学中，消费者和生产者的个体最优化行为往往会发挥关键作用。消费者和生产者的最优化行为能够使社会资源配置实现最优化，完全理性的价格调节是整个社会资源配置实现最优化的前提。

（3）完全信息

完全信息指市场上每一个从事经济活动的个体（买者和卖者）拥有的对于某种经济环境状态的全部知识。在消费者方面，完全信息是指消费者对自己想要购买的产品的功能、价格和使用感受的完全掌握。

（二）宏观经济学

1. 宏观经济学的含义

宏观经济学是以资源配置为前提，以整个国民经济为研究对象，通过研究经济中总体问题以及各有关经济总量的决定及其变化，来说明社会资源如何才能够得到充分利用。总体问题包括失业、通货膨胀、经济波动、经济增长等，经济总量包括国民收入、失业率、物价水平、经济增长率、利息率等的变动。

2. 宏观经济学的特点

在理解宏观经济学定义时，要注意以下各个特点。

（1）研究的对象是整个国民经济

宏观经济学研究的是整个国民经济的运行方式和规律，从总体上来分析经济问题。它不研究经济中的单个主体，即居民户和厂商的行为，而是研究由居民户和厂商组成的整体。

（2）解决的问题是资源利用

宏观经济学以资源配置为前提条件研究资源是充分利用了还是闲置了、通货膨胀对购买力产生的影响、经济增长的途径等宏观经济问题。

（3）中心理论是国民收入理论

宏观经济学以国民收入的决定为中心来研究资源利用问题，从而分析整个国民经济的运行。宏观经济学就是运用国民收入理论来解释失业、通货膨胀、经济周期、经济增长和宏观经济政策等。

（4）研究方法是总量分析

宏观经济学研究个量的总和与平均量的决定、变动及其相互关系，并通过这些变动来分析说明国民经济的运行状况以及宏观经济政策的决定理由。

3. 宏观经济学的内容

（1）国民收入理论

国民收入是衡量资源利用情况和整个国民经济运行情况的基本指标。国民收入理论就是从总供给和总需求的角度来分析国民收入的决定及其变动，它包括国民收入核算体系和国民收入决定理论，是宏观经济学的中心。

（2）失业和通货膨胀理论

宏观经济学从有效需求不足的角度来分析失业，并且把失业与通货膨胀理论联系起来，以分析两者的原因、相互关系以及解决途径。

（3）经济周期与经济增长理论

经济周期理论是研究国民收入的短期波动，而经济增长理论则是研究国民收入的长期增长趋势。

（4）宏观经济政策理论

宏观经济政策是国家干预经济的具体措施，主要包括政策目标、政策工具和政策效应。

4. 宏观经济学的基本假定

（1）市场失灵

市场机制发挥作用的前提是完全竞争的市场结构，但在现实生活中公共物品、外部性、垄断和信息不对称等的存在导致市场机制无法达到最优的资源配置。这种假定是政府干预经济的前提。

（2）政府有能力调节经济，纠正市场经济的缺陷

市场失灵只是为政府干预经济提供了前提，但政府究竟能不能解决市场失灵问题，还得看政府有没有这个能力。宏观经济学假设政府有能力调节经济，有能力纠正市场经济的缺陷，并能达到最优化的资源配置。

（三）微观经济学与宏观经济学的关系

微观经济学是研究经济中居民户和厂商的经济行为，宏观经济学是研究经济运行中的总量，两者之间在研究的对象、解决的问题、中心理论和研究方法上不同。尽管微观经济学与宏观经济学有以上不同,但作为经济学的两个组成部分,它们之间并不是互相割裂的，而是相互关联、互为前提、彼此补充的两个分支学科。

第一，微观经济学与宏观经济学是互相补充的。经济学的目标是要实现社会经济福利的最大化，两者的最终目标都是通过对人们经济活动提供正确的指导，来实现资源的优化配置和有效利用，从而实现整个社会经济福利最大化。为了实现这一目标，既要实现资源的最优配置，又要实现资源的充分利用。微观经济学与宏观经济学分别解决资源配置与资源利用问题，正是从不同的角度来说明社会经济福利最大化目标的实现，所以，它们之间是相互补充的，而不是相互排斥或互不相关的。

第二，微观经济学与宏观经济学都采用了实证分析法，属于实证经济学。这就是说，它们都要说明经济现象本身的内在规律，即解决客观经济现象是什么的问题,而不涉及应该是什么的问题。经济学的科学化也就是经济学的实证化,努力使所研究的问题摆脱价值判断，只分析经济现象之间的联系，是微观经济学与宏观经济学共同的目的。所以,实证分析是微观经济学与宏观经济学的共同方法论。

第三，微观经济学与实证经济学都以市场经济制度为背景。不同的经济在不同的经济体制条件下运行，不同经济体制条件下的经济运行有不同的规律。经济学总是以一定的经济制度为背景的，经济学总离不开一定的经济制度。微观经济学与宏观经济学都是市场经济的经济学，都是分析市场经济条件下经济的运行规律与调控。市场经济体制是它们共同的背景，它们都是在假定市场经济为既定的前提下来分析经济问题的。所以，经济学并不适用于计划经济，也不完全适用于从计划经济体制向市场经济体制转化的转型经济。微观经济学与宏观经济学都以

市场经济制度为背景，所以，我们在分析具体问题时，都把这一制度作为既定的条件。

第四，微观经济学是宏观经济学的基础，宏观经济学是微观经济学的自然扩展。整个经济状况是单个经济单位行为的总和，所以，分析单个经济单位（居民户和厂商）行为的微观经济学就是分析整体经济的宏观经济学的基础。这一点已为所有经济学家所承认。但对于如何把微观经济学作为宏观经济学的基础，不同流派的经济学家有不同的解释，至今也没有一致的认识。目前在宏观经济学中影响较大的理性预期学派，主张从微观经济学的市场出清与完全理性假设出发，把微观经济学与宏观经济学统一起来，但也并没有完全成功。

二、管理学研究的基本内容

（一）管理学的研究对象

管理学研究的对象包括生产力、生产关系、上层建筑等三个方面。管理学研究的对象是揭示管理的客观规律性，即如何按照客观自然规律和经济规律的要求，合理组织生产力，不断完善生产关系，适时调整上层建筑以适应生产力的发展，并从管理中总结、归纳、抽象和概括出来的科学原理，它着重研究管理的客观规律和具有共性的基本理论。具体要研究以下三个方面。

1. 合理组织生产力

主要研究如何配置组织中的人力、物力、财力等各种资源，使各要素充分发挥作用，以实现组织目标和社会目标的相互统一。因此，怎样计划安排、合理组织以及协调、控制这些资源的使用以促进生产力的发展，是管理学研究的主要问题。

2. 完善生产关系

研究如何处理组织中人与人之间的相互关系，尤其是管理者与被管理者之间的矛盾关系问题；研究如何建立和完善组织机构设立、人员安排以及各种管理体制问题；研究如何激发组织内部成员的积极性和创造性，为实现组织目标而服务。

3. 适时调整上层建筑

研究如何使组织内部环境与其外部环境相适应的问题；研究如何使组织的规章制度与社会的政治、经济、法律、道德等上层建筑保持一致的问题，建立适应市场经济发展的新秩序和规章制度，从而维持正常的生产关系，促进生产力的发展。

（二）管理学研究的内容

根据管理的性质和管理学的研究对象，管理学研究的主要内容包括以下几个方面。

1. 管理理论的产生和发展

管理理论与方法是一个历史的发展和演化的过程。管理理论和管理思想的形成与发展，反映了管理学从实践到理论的发展过程，研究其产生和发展是为了继往开来，继承发展和建设现代的管理理论。通过对管理理论的产生和发展的研究，我们可以更好地理解管理学的发展历程，掌握管理的基本原理。

2. 现代管理的一般原理与原则

任何一门科学都有其基本的原理，管理学也不例外。管理的基本原理是指带有普遍性的、最基本的管理规律，是对管理的实质及其基本运动规律的表述。诸如决策的制定、计划的编制、组织的设计、过程的控制等，这些活动都有一个基本的原理和原则，是人们进行管理活动都必须遵循的基本原则。

3. 管理过程以及相应的职能

主要研究管理活动的过程和环节、管理工作的程序等问题。此外，还要研究管理活动的效益和效率与管理的职能之间的密切联系。管理职能主要是计划、组织、领导与控制，这是管理最基本的职能。

4. 管理者及其行为

管理者是管理活动的主体。管理活动成功与否，与管理者有着密切关系。管理者的素质高低、领导方式、领导行为、领导艺术和领导能力，对管理活动的成功起着决定性的作用。

5. 管理方法

管理方法是实现管理目标所不可缺少的，因而它是管理学研究的重要内容。管理的方法很多，如行政方法、经济方法、法律方法等。一般而言，凡是有助于管理目标实现的各种程序、手段、技术都可以归于管理方法的范畴，所以管理方法包括各种管理技术和手段。管理作用的发挥，管理目标的实现，都有赖于各种有效的管理方法。

6. 分类管理学理论与方法

管理学一方面是一门应用多学科的理论、方法、技术而形成的综合性交叉科学，另一方面又与实践活动紧密相连，这造成管理学的内容十分庞杂，甚至一些长期研究管理学的学者也很难厘清管理学的内容体系。当研究某个部门的管理活动时，往往有企业管理、科技管理、教育管理、卫生事业管理、国际贸易管理、公共行政管理等。

三、经济管理基础知识研究的内容

现代人为了适应市场经济的需要,应该了解很多经济管理方面的知识,以合理地处理日常生活中经常遇到的经济管理问题和工作中所面临的问题。目前，很多人缺乏现代经济管理基础知识,不能很好地解释和处理各种经济管理现象和问题。为了提高我们自身的文化素养，必须掌握以下最基本的经济管理基础知识：一是市场经济理论，主要了解市场经济、市场机制、市场体系和现代企业制度四个方面的内容。二是宏观经济分析，主要掌握宏观经济分析的各种指标、就业与失业、总需求与总供给、宏观经济政策分析。三是企业管理基础知识，主要了解现代企业经营管理、现代企业生产管理和现代企业战略管理的基础知识。四是市场营销基础知识，主要掌握分析市场营销机会、市场营销管理、制订营销策略等方面的能力。五是货币银行基础知识，主要掌握货币与货币制度、利息与利息率、金融市场与金融工具、金融机构体系以及货币供求与均衡等方面的知识。六是会计基础知识，主要掌握会计科目与账户、复式记账原理及其应用、工业企业主要经营过程的核算和成本计算、会计凭证与会计账簿、财产清查与财务会计报告等内容和方法。七是统计基础知识，主要掌握统计设计、统计调查、统计整理的方法和综合指标、统计指数的计算以及相关分析与回归分析。

第三节　经济管理的基本知识

一、经济管理的性质和原则

福利经济学从抽象的角度来说，主要讨论的是社会选择标准的界定、收入的再分配及资源的优化配置。从现实的角度来说，福利经济学利用这种标准来评价以不同制度为基础的经济，以便确认最理想经济的学科。

公共部门经济学运用福利经济学的有关理论分析政府的政治、经济制度。从微观经济层次角度，对垄断、外部性、公共产品、收入不公平等社会现象进行剖析，提高政策运行效率，由政府针对市场中存在的“中场失灵”等问题，制定微观经济政策，实现收入的公平分配；从宏观经济层次角度，在封闭的经济中，制定货币政策、财政政策、收入政策和价格政策，保证经济的平稳运行。在开放的经济中，政府通过对货币及汇率制度进行国际标准化的管理，实现国际收支平衡。

微观经济学考察作为消费者的个人和企业在市场中的行为，而宏观经济学则研究总体或集合经济并检查如通货膨胀和失业一类的政策问题。微观经济学研究家庭和企业如何作出决策，以及他们在某个市场上的相互交易，而宏观经济学则研究整体经济现象。在经济分析中以单个经济主体（作为消费者的单个家庭、作为生产者的单个厂商、作为消费者和生产者完成交易的单个市场）的经济行为作为研究对象的，称为微观经济学。微观经济学将经济行为的基本主体分为两大类：个人和企业。个人一方面是消费者，另一方面是生产要素（劳动、资本、土地、才能）的所有者。企业即生产单位，一方面是商品的生产者，另一方面是生产要素的需求者。微观经济学研究这些经济行为主体，如何在一系列既定的假设条件下，在市场机制中，通过价格机制，最终实现自己利益的最大化和资源的最佳配置，并使经济达到一般均衡。

微观经济学框架，即通过对微观个体经济单位的经济行为的研究，来说明现代西方经济市场机制的运行和作用，以及改善这种运行的政策途径。这一框架由以下理论构成：消费者行为理论、均衡价格理论、生产和成本理论、市场结构理论、生产要素收入分配理论、一般均衡理论等。这些理论为公共部门经济学的实证研究提供可以直接使用的分析工具。公共部门经济学的发展，是限制在微观经济学理论的知识范围内的。微观经济学理论，尤其是一般均衡分析的发展，在20世纪50年代使公共部门经济学发生了质的飞跃。公共部门经济学目前的理论发展，应直接归功于微观经济理论。①

借助于微观经济学理论和分析工具，公共部门经济学家根据最基本的前提条件，运用演绎法和数学模型，运用各种行政手段，解决在市场经济运行中存在的“市场失灵”问题，使各种资源得到最优化配置，以社会效用最大化为目的来讨论政府的微观行为。其中包括估算政府制定政策的机会成本与沉淀成本和取得社会效益的最大化，以及指导其他微观主体的社会行为等。微观经济学是使公共问题的

① 李越杰．计算机数学与经济管理基础知识 [J]. 商讯，2019（4）：86.

争论转化为实证分析的有效途径，目的在于提高公共决策的科学性和合理性程度。

经济管理是指管理者或管理机构为了达到一定的目的，对社会经济过程进行预测、决策、计划、控制和监督等各项实践活动的总称。经济管理是人们进行共同劳动的客观要求。经济管理是一个庞大而复杂的系统，是一个统一的有机整体。经济管理具有二重性，即自然属性和社会属性。前者是指经济管理反映协作劳动、社会化生产和生产力发展需要的性质；后者是指经济管理反映社会生产关系发展需要的性质。经济管理的二重性原理是由马克思首先提出的。管理的二重性是由生产的二重性决定的。经济管理的自然属性是经济管理的共性，经济管理的社会属性是经济管理的个性，经济管理的二重属性是同一管理过程的两个不同方面。学习和掌握经济管理的二重性原理，有助于我们探索和认识社会主义经济管理的客观规律，发展和完善中国特色社会主义经济管理学，有助于我们在社会主义现代化建设和社会主义市场经济的发展中坚持正确的方向，有助于我们加深对“对外经济开放”的方针的理解，并正确对待资本主义的经济管理经验和方法。

经济管理的原则，是经济管理中观察和处理问题的规范和标准。经济管理的基本原则主要有遵循客观规律的原则、物质利益原则、最佳效益的原则。

二、经济管理的职能

（一）要明确政府的经济管理职能

只有明确了政府经济管理职能的范围，政府在管理经济时才能明确“哪些可为，哪些不可为”。经济职能是行政管理最重要的职能，经济职能作为上层建筑必然要为经济基础服务。政府的大量工作是对国家经济进行管理，包括合理配置资源、保持经济均衡发展提高国力、促进社会进步、改善民生等。明确政府管理经济职能的范围是政府高效能管理经济、促进经济发展的前提条件。

1. 预测职能

经济预测就是对客观经济过程的变化趋势所做出的预料、估计和推测。经济预测是经济决策和经济计划的科学前提，是正确认识经济环境及其变化的必要条件，是提高经济效益的必要保证。

经济预测应遵循的原则：系统性原则、连续性原则、类推原则。

经济预测的一般程序和步骤：确定预测的目的和任务；收集和分析有关资料；选择预测方法，进行预测计算；对预测结果进行评定和鉴别。经济预测的方法有两类：一是定性分析预测法；二是定量分析预测法。

2. 决策职能

经济决策是指人们在经济管理活动中，对未来经济和社会发展目标、发展规划、行动方案、改革策略和重大措施等所做出的选择和决定。

经济决策的程序：调查研究，提出问题；确定目标，拟订方案；方案评估，择优决断；实施决策，追踪反馈。

经济决策具有重要的意义和作用：经济决策是经济管理的核心内容，它决定了不同层次、不同范畴的经济活动的发展方向；经济决策贯穿了经济管理的整个过程；决策的正确与否，决定着经济建设的成败和经济效益的高低；经济决策对社会政治和人们的心理也产生重大影响。

3. 计划职能

经济计划是指人们按照经济的内在联系，对未来经济活动的发展过程所作的具体部署。经济计划在我国的经济管理活动中仍具有重要的作用。我国的社会主义计划体系是由经济发展计划、社会发展计划和科学技术发展计划等多种计划系列所组成的。计划职能是指根据组织的内外部环境并结合自身的实际情况，制订合理的总体战略和发展目标，通过工作计划将组织战略和目标逐层展开，形成分工明确、协调有序的战略实施和资源分配方案。

经济计划的步骤包括：选定目标；确定前提条件；发掘可行方案；评估方案；选定方案；拟订辅助计划；进行相应的预算，用预算使计划数字化；执行计划。

经济计划的原则包括：长期计划、中期计划与短期计划相结合；稳定性与灵活性相结合；可行性与创造性相结合；量力而行与留有余地相结合。

4. 控制职能

经济控制是指为了保证决策目标的实现和计划的完成，而对经济活动过程进行检查、监督和调节的管理活动。经济控制必须具备三个前提条件，即控制要围绕目标、控制要按标准进行、控制要有组织机构。经济控制按控制的系统关系可分为自力控制和他力控制，按控制的实施方式可分为直接控制和间接控制，按控制活动和经济运行过程中实施的时间不同，可分为预防控制、现场控制和反馈控制。由于以上三种控制方式的具体内容不同，因而实施控制的效果和要求也是不同的。经济控制的方法有会计控制、预算控制、审计控制、人员行为控制等。

5. 监督职能

经济监督是指对经济活动的监察或督导。监察就是监督和检查经济活动参与者的经济行为是否符合各种法律、政策、制度等有关规定，考察经济活动是否符合原定目标的要求，如不符合，则需要查明出现偏差和导致失误的原因。督导就是对经济活动的督促和引导，纠正偏差，确保经济活动的有效运行。

对社会经济活动实行经济监督，有其客观的必要性。这种必要性可以主要从生产力和生产关系两个方面来考察。在我国市场经济发展的现阶段，要保持正常经济活动的进行，仍需要进行经济监督。其原因在于：不同的所有制经济组织之间必然存在不同的经济利益；在分配方面，我国贯彻的是“各尽所能，按劳分配”的原则；从我国的现实情况看，在发展社会主义市场经济的整个过程中，还会有各种破坏社会主义市场经济秩序的违法犯罪活动发生；等等。

经济监督的内容是多方面的，就当前我国的实际情况来看，经济监督的主要内容有计划监督、财政监督、银行监督、工商行政监督、质量监督、安全监督、财务监督、审计监督等。

经济监督的实施过程中需要注意以下问题：要加强经济监督的组织建设、制度建设和思想建设；要严格按照经济监督的过程进行监督；要在经济监督过程中，完善计划、核算、分析和检查四个环节。

6. 激励职能

激励就是管理者运用各种刺激手段，唤起人的需要，激发人的动机，调动人的内在积极因素，使其将储存的潜能发挥出来的管理活动。

激励职能的特点：作用的普遍性和持续性，变化性和差异性，不可测定性。

激励职能的类型有：目标激励、奖罚激励、支持激励、关怀激励、榜样激励。

（二）要正确定位政府在经济活动中的地位

在以市场经济为主要资源配置方式的社会经济中，政府的主要责任是以弥补市场失灵的缺陷而确定的配置、稳定和分配等的责任。政府的资源配置职责是由政府介入或干预所产生的。它的特点和作用是通过本身的收支活动，为政府供给公共产品提供财力，引导资源的流向，弥补市场失灵的缺陷，最终实现社会资源的最优效率目标。政府的宏观调控与市场调节都是调节经济的手段，在一般情况下，社会主义市场经济体系中是以市场调节为主，国家宏观调控为辅的。国家的宏观调控是为了弥补市场调节的不足，政府对经济的干预不能被认为是调节经济的唯一手段。但是在市场失灵的情况下，政府宏观调控的作用就处于主导地位。因为有些在市场经济运行中出现的问题，如市场垄断等是不可能凭借市场调节就能解决的，市场的正常运转有赖于政府干预，此时政府就要发挥国家对市场经济宏观调控的作用。政府宏观调控的手段主要有经济手段、法律手段和必要的行政手段。在市场失灵的情况下，就要综合运用政府宏观调控的各项手段，稳定经济，促进经济发展。正确定位政府在经济活动中的地位是政府对经济管理“有所为，有所不为”的必要条件。

（三）完善监督制度，充分发挥行政体系内部和外部的监督作用

通过监督可以及时反映政府“越位”或“错位”等的行为，使相关部门能早发现、早纠正。通过完善监督制度，使政府相关部门在干预经济时始终保持警惕心理，牢牢把握其经济管理的权限，在经济发展过程中，管好该管的，不管不该管的，只有这样才不至于造成政府干预经济发展过多的局面；同时也能促使政府工作人员提高工作效率，在处理经济问题时保持高效。这是政府在经济管理时做到“有所为，有所不为”的重要保证。

（四）政府在进行宏观调控时要抓好软硬两个环境的优化

一方面，抓好行政环境建设。通过建设良好的服务环境、法治环境、市场环境、政策环境、社会诚信度等软环境，着力营造“亲商、安商、尊商、富商”氛围。为行政相对人提供满意的服务是党的宗旨决定的，是参与全球经济竞争和市场经济发展的客观需要。随着改革开放的深入、民主建设进程的加快，行政相对人的民主意识、法治意识、竞争意识和参政意识不断增强，对政府提供公共产品的要求也越来越高。政府要切实承担提供治安、教育、交通、国防、外交、医疗、环保、民政、社保等公共服务职责，保证为行政相对人提供全程配套到位的服务。提高政府办事效率，搞好勤政廉政建设，要做到不批条子，不认条子，一切按规矩去办，提高办事透明度，反对权钱交易，以良好的形象树立县级政府领导经济建设的权威。政府的实体管理和程序管理都必须公开、透明，特别是与人民群众利益密切相关的行政事项，除涉及国家机密、经济安全和社会稳定以外，都应向社会公开，给行政相对人以更多的知情权和监督权，以提高透明度和公众参与度。特别是要提高政策法规的透明度，包括加大政策法规的宣传力度，建立统一有效

的政策信息网络，做到政策法规信息的及时发布、及时宣传、及时更新。行政管理的手段要以便捷、多元化为标准，充分利用现代科技和联络方式，如邮寄、电话、传真、网络等，实现具体行政行为，确保行政审批、许可、确认、给付的管理高效。在行政审批制度改革中，要遵循低成本、高效率的原则，把多级审批改为一级审批，把多部门分别审批改为整体联动审批，把数次审批改为一次审批，并提供规范的标准化流程。

另一方面，要抓好基础设施硬环境的改善。本着“规划超前、布局合理、功能完善”的原则，加快城区建设，提升城市品位，完善城市功能，增强对外吸引力。搞好水、电、路和通信等基础设施建设，高标准、高起点地建设行政区、文体活动区、商住区、工业区、商贸区，为招商引资创造良好条件。这是政府在经济管理中发挥高效能的重要途径。

第二章　经济管理的内容

第一节　筹资活动

筹资活动是企业为达到生产经营的目的而进行的筹集资金的活动。企业从事生产经营活动的基本条件是拥有一定数量的资金，通过资金的运用，如买进原材料和机器设备、雇用职工等进行产品生产与销售，以达到盈利的目的。因此，筹集资金是企业进行经营活动的首要环节。

一、筹资活动的定义

企业融资是以企业的资产、权益和预期收益为基础，筹集项目建设、营运及业务拓展所需资金的行为过程。企业的发展，是一个融资、发展、再融资、再发展的过程。一般企业都要经过产品经营阶段、品牌经营阶段及资本运营阶段。随着现代企业自身的不断发展，企业与社会专业机构协作，解决企业自身问题的现象越来越普遍。会计师事务所、律师事务所、财经公关、融资顾问等专业机构的出现，为企业发展的各个阶段提供专业化服务。随着社会分工的不断细化，企业发展逐渐走上了规范化的道路。

（一）剖析

企业融资是指企业从自身生产经营现状及资金运用情况出发，根据企业未来经营与发展策略的需要，通过一定的渠道和方式，利用内部积累或向企业的投资者及债权人筹集生产经营所需资金的一种经济活动。资金是企业体内的血液，是企业进行生产经营活动的必要条件，没有足够的资金，企业的生存和发展就没有保障。企业融资是指企业向外部有关单位和个人以及从企业内部筹措生产经营所需资金的财务活动，组织创新是指组织规则、交易的方式、手段或程序的变化。

企业融资一般是指非金融企业的长期资金来源问题，在市场经济条件下，企业融资的方式总的来说分为两种：一种是内源融资，即将自己的积累可供使用资金转化为投资的过程。另一种是外源融资，是指企业外部投资人或投资机构资金注入，将资金转化为股份的过程。企业的发展主要取决于能否获得稳定的资金来源，企业融资主要是指企业在金融市场上的筹资行为。因此，企业融资与资金供给制度、金融市场、金融体制和债信文化有着密切的关系。

狭义融资即一个企业筹集资金的行为与过程，也就是企业根据自身的生产经营状况、资金拥有的状况，以及企业未来经营发展的需要，通过科学的预测和决策，采用一定的方式，从一定的渠道向企业的投资者和债权人去筹集资金，组织资金的供应，以保证企业正常生产需要、经营管理活动需要的理财行为。企业筹集资金的动机应该遵循一定的原则，通过一定的渠道和一定的方式进行。通常来讲，企业筹集资金无非有三大目的：企业扩张、企业还债以及混合动机（扩张与还债混合在一起的动机）。①

广义融资也叫金融，就是货币资金的融通，当事人通过各种方式到金融市场上筹措或贷放资金的行为。融资可以分为直接融资和间接融资两种形式。直接融资是不经金融机构的媒介，由政府、企事业单位，及个人直接以最后借款人的身份向最后贷款人进行的融资活动，其融通的资金直接用于生产、投资和消费。间接融资是通过金融机构的媒介，由最后借款人向最后贷款人进行的融资活动，如企业向银行、信托公司进行融资等。

企业竞争的胜负最终取决于企业融资的速度和规模。融资可比作一个商品项目，交易的标的是项目，买方是投资者，卖方是融资者，融资的诀窍是设计双赢的结果。

中国人融资喜欢找关系，其实关系不重要，重要的是找对门。融资有商务模式划分，还有专业分工、程序分工，融资者需根据投资者的特点，去设计自己的融资模式。

（二）融资方式

企业的资金来源主要包括内源融资和外源融资两个渠道，其中：内源融资主要是指企业的自有资金和在生产经营过程中的资金积累部分；协助企业融资即企业的外部资金来源部分，主要包括直接融资和间接协助企业融资两类方式。直接协助企业融资是指企业进行的首次上市募集资金（IPO）、配股和增发等股权协助

① 王建伟．经济管理的实践与创新 [M]. 北京：中国原子能出版社，2021.

企业融资活动，所以也称为股权融资；间接融资是指企业资金来自银行、非银行金融机构的贷款等债权融资活动，所以也称为债务融资。随着技术的进步和生产规模的扩大，单纯依靠内部协助企业融资已经很难满足企业的资金需求。外部协助企业融资已成为企业获取资金的重要方式。外部协助企业融资又可分为债务协助企业融资和股权协助企业融资。

（三）快速渠道

企业快速融资渠道是指从企业内部开拓资金来源。从企业内部开拓资金来源有三个方面：企业自有快速融资渠道资金、企业应付税利和利息、企业未使用或未分配的快速融资渠道专项基金。一般在企业并购中，快速融资渠道企业都尽可能选择这一渠道，因为这种方式保密性好，快速融资渠道企业不必向外支付借款成本，因而风险很小，但资金来源数额与企业利润有关。

快速融资渠道主要是指向金融机构（如银行）进行融资，其成本主要是利息负债，向银行的借款利息一般可以在税前冲减企业利润，从而减少企业所得税。向非金融机构及企业筹资操作余地很大，但由于透明度相对较低，国家对快速融资渠道有限额控制。若从纳税筹划角度而言，快速融资渠道企业借款即企业之间拆借资金效果最佳。向社会发行债券和股票属于直接融资，避开了快速融资渠道中间商的利息支出。由于借款利息及债券利息可以作为财务费用，即企业成本的一部分可在税前冲抵利润，减少所得税税基，而股息的分配应在快速融资渠道企业完税后进行，股利支付没有费用冲减问题，这相对增加了纳税成本。因此一般情况下，快速融资渠道企业以发行普通股票方式筹资所承担的税负重于向银行借款所承担的税负，而借款筹资所承担的税负又重于向社会发行债券所承担的税负。快速融资渠道企业内部集资入股筹资方式可以不用缴纳个人所得税。从一般意义上讲，企业以自我积累方式筹资所承担的税负重于向金融机构贷款所承担的税负，贷款融资方式所承担的税负重于企业借款等筹资方式所承担的税负，快速融资渠道企业间拆借资金方式所承担的税负重于企业内部集资入股所承担的税负。

1. 申请方式

投融资行为的介入程度：直接投资、间接投资。

投融资申请投入领域：生产性投融资申请，非生产性投融资申请。

投融资申请方式：对内投融资申请、对外投融资申请。

投融资办理内容：固定资产投融资申请，无形资产投融资办理，流动资产投融资申请，房地产投融资申请，保险投融资办理，信托投融资办理等。

2. 办理流程

投融资办理企业向审批机关提交董事会决议和董事长签署的申请书等文件。审批机关在接到投融资办理申请文件后，以书面形式作出是否同意的答复。审批机关进行投融资申请审核。经审批机关审核同意后，投融资办理企业按照变更登记的有关规定，向工商行政机关申请变更登记，至此投融资办理完成。

二、筹资活动的分类

（一）按资金来源分类

内源融资：企业依靠其内部积累进行的融资，如企业的留存收益、折旧基金转化为重置投资等。

外源融资：企业通过一定方式从外部融入资金用于投资，如银行贷款、发行股票或债券等。

（二）按资金使用期限分类

短期融资：融入资金的使用和归还在一年以内，主要用于满足企业流动资金的需求，如商业信用、银行短期贷款等。

长期融资：融入资金的使用和归还在一年以上，主要满足企业购建固定资产、开展长期投资等活动对资金的需求，如发行股票、债券，银行长期贷款，融资租赁等。

（三）按融资方式分类

股权融资：企业让出部分股权以换取资金，如发行股票、引入战略投资者等。这种方式下，企业无须偿还本金，但可能需要分享利润。

债权融资：企业按约定代价和用途取得资金，并必须按期偿还本金和利息，如银行贷款、发行企业债券等。

（四）按是否借助金融中介分类

直接融资：企业直接与资金供给者协商借款或发行股票、债券等来融资，如民间借贷、内部集资等。

间接融资：企业通过金融中介机构间接向资金供给者融通资金，如银行借贷、非银行金融机构租赁等。

三、筹资活动的管理

（一）资源储备

不同企业融资渠道资源差别很大，有的企业规模已经很大了，但从没有与银行发生过融资业务，甚至不知道其贷款主办行是企业的首选融资渠道。业内人士认为当前普遍存在的问题是：重视银行类融资渠道的储备，不重视商业融资渠道的储备；重视外部融资渠道的储备，不重视内部融资渠道的储备；重视眼前融资渠道的储备，不重视长远融资渠道的储备；资金短缺时注重融资渠道的储备，资金充裕时不注重长远融资渠道的储备，着重眼前利益；渠道储备停留在口头上或者思想上，但没有资源的投入，没有人员投入和财务安排；储备资源过程中没有侧重点，没有根据企业的实际情况有选择性地储备资源。融资渠道的储备是企业在融资工作进行之前，对融资渠道的选择、跟踪了解过程，根据融资渠道资源，是企业融资过程中正在使用与潜在融资渠道的总称，融资渠道的储备是完善融资基础的重要内容。

融资主体的确定。不少企业的经营者通过直接或间接方式，控制着几家企业，这些企业有的已经建立产权关联关系，并形成母子企业体系，有的则是人员关联关系，实际控制人仍是企业经营者。也有很多是生意上的合作伙伴，融资时也可以使用。因此，企业在融资之前，需要对这些融资主体进行选择。业内人士表示，在确定融资主体时，以下几个原则可以借鉴：选择规模较大的企业，理论上规模越大的企业，授信额度越大，银行类资金方一般规定授信额度的理论数值不超过企业净资产额的一定比例；选择营业期限较长的企业，尤其是银行贷款，一般有3年的经营业绩要求；选择现金流量较大的企业，银行贷款一般有自身综合收益的考虑，比如吸收存款、结算量规模等，同时也是银行等资金方风险控制的需要；选择符合产业政策支持的行业，无论是权益类资金方，还是债权类资金方，都对行业有一定的要求，政策性资金扶持表现最突出；选择报表结构良好的企业，主要是针对银行融资而言；选择知名度较高的企业，知名度高的企业一般能让资金方树立信心；选择与融资方联系紧密的企业，主要适用于企业投资和银行融资，首选子公司，人员关联公司次之，最后是业务关联公司。

（二）报表规范

业内人士介绍，中小企业报表的常见问题主要是：报表时间短；资产、收入、利润规模太小，资产规模、收入规模和盈利规模不符合资金的要求；资产和负债结构不合理，资产负债率过高；报表不实，大多数企业报表“明亏实盈”；报表没有合并，很多企业实际上建立了母子企业运营体系，但没有合并报表；报表科目核算内容不规范，名不副实。资金方对报表一般来说都要求：会计报表的时间足够长，一般需要 3 年的报表；可信度高，必须经会计师事务所审计，抵押物要经过评估机构评估，有关收入以缴税证明为依据；具有偿还能力，主要考虑资产负债率、流动比率和现金流量表；具有盈利能力，主要考虑企业盈利额、收入利润率等；现金流量较好，尤其是经营性现金流量；成长性较好，业务要稳定增长，这可以从不同年度报表比较看出来；资产结构与负债结构匹配合理，主要关注长期资产适合率，即长期资产是否由长期负债和权益资金来满足；资产和负债内部结构要合理等。

（三）融资准则

在市场竞争和金融市场变化的环境下，企业融资决策和资本结构管理需要按照自身的业务战略和竞争战略，从可持续发展和为股权资本长期增值角度来考虑。其基本准则为：融资产品的现金流出期限结构要求及法定责任必须与企业预期现金流入的风险相匹配；平衡当前融资与后续持续发展融资需求，维护合理的资信水平，保持财务灵活性和持续融资能力；在满足上述两大条件的前提下，尽可能降低融资成本。融资工具不同，现金流出期限结构要求及法律责任就不同，对企业经营的财务弹性、财务风险、后续投资融资约束和资本成本也不同。例如，对企业来说，与股权资本相比，债务资本具有三个主要特点：一是债务资本的还本付息现金流出期限结构要求固定而明确，法律责任清晰，因此，它缺乏弹性；二是债务资本收益固定，债权人不能分享企业投资于较高风险的投资机会所带来的超额收益；三是债务利息在税前列支，在会计账面盈利的条件下，可减少纳税。尽管融资决策和资本结构管理的基本准则对所有企业都是一致的，但在实际中，由于企业产品市场的竞争结构不同，企业所处的成长阶段、业务战略和竞争战略有别，企业融资方式与资本结构也存在差异。

（四）融资策略

企业首先要根据商业环境确定自己的业务发展战略，然后再确定融资决策和资本结构管理的具体原则和标准。在现实金融市场环境下，融资决策和资本结构管理策略的基本思想可以概括为：根据金融市场有效性状况，利用税法等政策环境，借助高水平的财务顾问，运用现代金融原理和金融工程技术，进行融资产品创新。利用税法进行融资创新，在确定采用债务融资类型后，利用税法对资本收益和利息收益率的差异，可以发行零息票债券。

针对企业与资本市场投资者对金融市场利率变化的预期差异进行融资创新，如采用浮动利率，或者发行含有企业可赎回或投资者可赎回的债券。利用投资者与企业之间对企业未来成长性预测的差异，进行融资创新在股票市场低估企业投资价值时，企业可以首先选择内部融资；如果确实需要外部融资，可以采用可转换证券、认股权、可赎回股票等融资方式，降低融资成本而在股票市场高估企业投资价值时，增发股票融资。

企业融资决策和资本结构管理策略的实施，取决于良好的金融市场环境。我国金融系统提供的企业融资品种非常少，不能适应日益复杂的商业环境下的企业融资需求。随着企业和投资银行等中介机构融资创新需求的增加，政府应像鼓励技术创新那样，鼓励企业基本融资工具的创新。与此同时，应逐渐从没有明文规定的企业融资新品种报批模式，过渡到只要政府法律没有明文禁止，就可以退出企业融资品种的管理模式，使企业融资从选择余地非常有限，向选择余地大，最终自由选择的方向发展。

（五）融资难点

国内融资面临着三个难点：①项目包装；②资金退路；③资产溢价。关于这三个难点，有人认为是由融资者自身的弱点和我国经济体制存在的问题所构成的。

（六）融资对策

投资者退路上中下三策依次为：上策是上市套现，中策是溢价转让，下策是溢价回购。

四、筹资活动的方式

企业筹资活动是企业为了筹集所需资金而进行的各种活动，这些活动对于企业的运营、扩张和投资至关重要。企业筹资的方式多种多样，每种方式都有其特点和适用场景。以下是对企业筹资活动主要方式的详细探讨。

（一）股权筹资

股权筹资是企业通过发行股票等方式向投资者筹集资金，投资者成为企业的股东，享有相应的权益，如分红权、决策权等。这种方式能为企业带来长期稳定的资金来源，且没有固定的利息负担和到期日。然而，股权筹资会稀释原有股东的控制权，并可能增加企业的信息沟通与披露成本。此外，由于需要支付股息，股权筹资的资本成本通常较高。

股权筹资的具体形式包括公开发行股票和私募股权融资。公开发行股票涉及严格的监管和审批程序，适用于大型企业或需要大规模资金的企业。私募股权融资则相对灵活，通常涉及向特定的投资者出售股份，适用于中小企业或初创企业。

（二）债务筹资

债务筹资是企业通过向债权人借入资金来筹集资金，如银行借款、发行债券等。债务筹资的优点在于筹资速度快、筹资弹性大，且资本成本通常低于股权筹资。企业可以利用债务筹资的财务杠杆效应，增加股东的收益。然而，债务筹资也增加了企业的财务风险，因为企业需要按照约定的期限和利率偿还本金和利息。

银行借款是企业债务筹资的主要方式之一。银行通常要求企业提供担保或抵押品，以降低贷款风险。借款的期限和利率根据企业的信用状况、借款用途和还款能力等因素确定。发行债券则是企业向社会公众募集资金的方式，债券持有人享有按期收取利息和到期收回本金的权利。债券的发行需要遵循严格的法律法规和监管要求，且通常需要评级机构的评级。

（三）内部筹资

内部筹资是企业利用自身的留存收益进行筹资的方式，如未分配利润、折旧基金等。内部筹资的优点在于成本低、风险小，且不会稀释股东的控制权。然而，内部筹资的规模有限，通常无法满足企业大规模的资金需求。

为了优化内部筹资，企业可以通过提高盈利能力、加强成本控制、优化资本结构等方式增加留存收益。此外，企业还可以通过内部借款、员工集资等方式筹集资金，但这些方式通常受到法律法规和监管要求的限制。

（四）商业信用筹资

商业信用筹资是企业在商品交易中，以延期付款或预收货款等方式向供应商或客户筹集资金。商业信用筹资的优点在于操作简便、成本低，且有助于维护企业的商业信誉。然而，商业信用筹资的期限通常较短，且可能影响企业的现金流和财务状况。

为了充分利用商业信用筹资，企业可以与供应商和客户建立良好的合作关系，争取更优惠的信用条件和付款期限。此外，企业还可以通过加强应收账款管理、提高存货周转率等方式优化商业信用筹资。

（五）融资租赁

融资租赁是企业通过租赁设备等资产来获得所需资金的方式。在租赁期间，企业享有资产的使用权，但需要支付租金。融资租赁的优点在于既能满足企业的资金需求，又能获得资产的使用权，且筹资速度快、限制条款少。然而，融资租赁的资金成本通常较高，且固定租金负担较重。

融资租赁适用于需要大型设备或资产但资金不足的企业。通过融资租赁，企业可以在不增加负债的情况下获得所需资产，提高生产效率和市场竞争力。然而，企业需要注意融资租赁合同的条款和条件，以确保合同的公平性和合法性。

（六）其他筹资方式

除了上述主要筹资方式外，企业还可以考虑其他筹资方式，如吸收直接投资、发行可转换债券、利用短期融资券等。吸收直接投资是指企业以合同、协议等形式吸收国家、法人、个人等主体的直接投资。发行可转换债券是指企业发行一种在一定期限内可以按照约定条件转换为股票的债券。利用短期融资券则是企业发行一种在一年内到期的短期债务工具来筹集资金。这些筹资方式各有特点，适用于不同的企业和场景。企业需要根据自身的经营状况、资金需求、财务状况和市场环境等因素综合考虑选择合适的筹资方式。

综上所述，企业筹资活动的方式多种多样，每种方式都有其特点和适用场景。企业需要根据自身实际情况和发展需求选择合适的筹资方式，以确保筹资活动的合理性和有效性。同时，企业还需要加强财务管理和风险控制，确保筹资活动的稳健进行。

第二节　投资活动

投资活动是指企业长期资产的构建和不包括在现金等价物范围的投资及其处置活动。企业筹集一定的资金后，就要开始进行投资以取得利润。投资活动按对象可分为对内投资和对外投资两类。对内投资主要包括长期资产的投资，如土地、房屋、设备等基本生产条件的取得、产品的研究与开发投资等。对外的投资分为短期与长期的投资，短期的投资在会计上称为交易性金融资产；长期的投资分为持有至到期的投资、可供出售的金融资产和长期股权投资。

一、投资概述

（一）投资的定义

投资和储蓄是有区别的，同样是将钱储存起来，但是投资是要承担风险的，所谓投资就是指货币转化为资本的过程。投资可分为实物投资、资本投资和证券投资。前者是以货币投入企业，通过生产经营活动取得一定利润；后者是以货币购买企业发行的股票和企业债券，间接参与企业的利润分配。

（二）投资的种类

1. 资产

资产是包括金融资本和实物资本两类，从资产负债表上最容易看出两者的区别，从某种程度上讲，一项金融资产必然有相应的金融负债。举例来说，假如投资者购买了企业债券，那么它对投资者是资产而在企业的资产负债表上则表现为负债。假如投资者购买的是企业的股票，那么对投资者来讲仍是资产而出现在企业的资产负债表的右侧。因此，金融资产出现在所有者资产负债表的左侧，发行者资产负债表的右侧。虽然人们也可对实物资产进行融资，但该实物资产并没有相应的负债。

2. 证券

证券是表明所有者权益的法律文书，资产证券化是指将资产或者资产组合转化为更容易在市场上交易的形式。通常将金融资产归为三类：权益类证券、固定收益类证券和衍生资产。最重要的权益性证券是普通股股票，代表了在企业中的所有者权益。固定收益证券通常提供已知的现金流，但其收入流是不变的；从投资目的来看，优先股被认为是固定收益。衍生资产是不可能有一般性定义的，通常，衍生资产的价值取决于其他一些资产的价值或它们之间的联系，期货和期权合同是大家最熟悉的衍生资产。①

3. 投资的作用

投资、消费、净出口被称为拉动经济的“三驾马车”。而投资则是启动经济的最快引擎，是宏观政策的重要工具。只要人们储蓄并将储蓄转化为生产性的投资，比如购买机器、用于教育、发明或生产技能的提高上，都将增加未来的生产力，换句话说就是可以增加供给。

我国刚刚开始向更加殷实的小康社会迈进，发展很不平衡，二元社会结构尚存，分工和专业化的水平还不高，投资作为发展分工的主要工具，对于我国经济的发展来说十分重要，即使在这次世界性的金融危机的后时代，也不能离开这一工具。

投资本身也是一种消费。穆勒认为，投资其实是给生产工具的专家的消费品，因此它也是一种消费。所以，我们不能一味强调投资的生产性，投资就一定造成产能过剩，而要具体分析。比如，我们的民生工程、中西部的扶贫开发、生态保护、大部分基础建设等，既有消费的一面，同时它们也是我们消费的基础。

投资要提高生产力，必须提高交易效率，而提高交易效率的关键因素之一是制度的改善。这要求，法治国家的建设作为社会主义市场经济体制下既定的治国方略，不论有多难，必须长期坚持并逐步落实。当前，要改革政府管理体制，按照依法治国的要求做到高效、廉价、廉洁，使政府与市场保持合理的边界，减少审批流程，维护公平正义。

投资作为促进分工和专业化的工具，可以引起市场在广度和深度上的扩大，同时可以促进消费，这需要多元投资主体的参与，也同时会产生更多的投资主体。因此，国家要高度重视和鼓励民间投资、中小企业投资、个人投资，在制度上给予保障。

① 杜文欣 . 客户集中度对企业投资活动影响研究 [D]. 广州：广东外语外贸大学，2024.

二、投资管理的内容

（一）投资风险和收益

1. 证券投资收益

收益和风险是并存的，通常收益越高，风险越大，投资者只能在收益和风险之间加以权衡，即在风险相同的证券中选择收益较高的，或在收益相同的证券中选择风险较小的进行投资。

（1）股票收益

股票投资的收益是指投资者从购入股票开始到出售股票为止整个持有期间的收入，它由股息收入、资本利得和公积金转增收益组成。

股息收入。股份有限公司在会计年度结算后，将一部分净利润作为股息分配给股东。其中，优先股股东按照规定的固定股息率优先取得固定股息，普通股股东则根据余下的利润分取股息。股东在取得固定的股息以后又从股份有限公司领取的收益，称为红利。股息的来源是企业的税后净利润。企业的税后净利润，按以下程序分配：从税后净利润中提取法定公积金、公益金后，剩余的部分先按固定股息率分配给优先股股东，再提取任意盈余公积金，然后再按普通股股数分配给普通股股东。可见，税后净利润是企业分配股息的基础和最高限额，但由于要做必要的公积金和公益金的扣除，企业实际分配的股息总是少于税后净利润。

资本利得。股票买入价与卖出价之间的差额就是资本利得，或称资本损益。资本利得可正可负。

公积金转增收益。公积金转增股本也采取送股的形式，但送股的资金不是来自当年可分配盈利，而是企业提取的公积金。企业提取的公积金有法定公积金和任意公积金两种形式。

（2）债券收益

债券的投资收益来自两个方面：一是债券的利息收益，二是资本利得。

债券的利息收益。债券的利息收益取决于债券的票面利率和付息方式。债券的票面利率是指1年的利息占票面金额的比率。一次性付息的计息方式有三种：第一种是单利计息。以单利计息，到期还本时一次支付所有应付利息。这种方式被称为利随本清。我国的一次还本付息债券即单利计息债券。第二种是复利计息。用这种方式付息的债券通常被称为无息债券或零息债券。运用这种复利计息的债券，投资者的实际收益率要高于与持有票面利率同水平的单利债券收益率。它是国际债券市场上的常见品种，我国到目前为止尚未发行过这类债券。第三种是以贴现方式计息，投资者按票面额和应收利息之差价购买债券，到期按票面额收回本息。

资本利得。债券投资的资本利得是指债券买入价与卖出价或买入价与到期偿还额之间的差额。

2. 证券投资风险

一般而言，风险是指对投资者预期收益的背离，或者说是证券收益的不确定性。证券投资的风险是指证券预期收益变动的可能性及变动幅度。与证券投资相关的所有风险称为总风险，总风险又可分为系统风险和非系统风险两大类。

（1）系统风险

系统风险是指由于某种全局性的共同因素引起的投资收益的可能变动，这些因素来自企业外部，是单一证券无法抗拒和回避的，因此又称为不可回避风险。这些共同的因素会对所有企业产生不同程度的影响，不能通过多样化投资而分散，因此又称为不可分散风险。系统风险包括政策风险、经济周期性波动风险、利率风险和购买力风险等。

（2）非系统风险

非系统风险是指只对某个行业或个别企业的证券产生影响的风险，非系统风险是可以抵消回避的，因此又称为可分散风险或可回避风险。非系统风险包括信用风险、经营风险、财务风险等。

3. 风险与收益的关系

收益以风险为代价，风险用收益来补偿。投资者投资的目的是得到收益，与此同时，又不可避免地面临着风险。

收益与风险的基本关系是：收益与风险相对应。也就是说，风险较大的证券，其要求的收益率相对较高；反之，收益率较低的投资对象，风险相对较小。风险与收益共生共存，承担风险是获取收益的前提；收益是风险的成本和报酬。

风险和收益的上述本质联系可以表述为：

预期收益率＝无风险利率＋风险补偿预期

收益率是投资者承受各种风险应得的补偿。在短期国库券无风险利率的基础上，可以发现以下几个规律。

第一，同一种类型的债券。长期债券利率比短期债券高，这是对利率风险的补偿，如同为政府债券，都没有信用风险和财务风险，但长期债券的利率要高于短期债券，这是因为短期债券没有利率风险，而长期债券却可能受到利率变动的影响，两者之间利率的差额就是对利率风险的补偿。

第二，不同债券的利率不同，这是对信用风险的补偿。通常，在期限相同的情况下，政府债券的利率最低，地方政府债券利率稍高，其他依次是金融债券和企业债券，在企业债券中，信用级别高的债券利率较低，信用级别低的债券利率较高，这是因为它们的信用风险不同。

第三，在通货膨胀严重的情况下，债券的票面利率会提高或会发行浮动利率债券，这是对购买力风险的补偿。

第四，股票的收益率一般高于债券，这是因为股票面临的经营风险、财务风险和经济周期波动风险比债券大得多，必须给投资者相应的补偿。在同一市场上，许多面值相同的股票也有截然不同的价格，这是因为不同股票的经营风险、财务风险相差甚远，经济周期波动风险也有差别。投资者以出价和要价的方式来评价不同股票的风险，调节不同股票的实际收益，使风险大的股票市场价格相对较低，风险小的股票市场价格相对较高。

（二）投资市场

投资市场作为全球经济活动的核心组成部分，是一个复杂而动态的领域，它不仅反映了资本的流动与配置，还深刻影响着企业的成长、经济的繁荣以及社会的稳定。以下将从投资市场的定义、类型、运作机制、风险与挑战、发展趋势及投资策略等几个方面进行深入探讨。

1. 投资市场的定义

投资市场，简而言之，是指投资者进行资金投放以期望获得未来收益的各种平台和渠道的总称。这些市场包括但不限于股票市场、债券市场、外汇市场、商品市场、房地产市场以及新兴的加密货币市场等。在这些市场中，投资者通过购买股票、债券、外汇、商品期货、房地产或其他金融工具，成为公司、政府或特定项目的资金提供者，以期分享其成长或盈利的一部分。

2. 投资市场的类型

股票市场。投资者购买公司发行的股票，成为公司股东，享有公司盈利的分红权及股价上涨带来的资本增值。

债券市场。投资者购买政府或企业发行的债券，作为债权人定期收取利息，并在债券到期时收回本金。

外汇市场。涉及不同国家货币之间的兑换交易，投资者通过预测汇率变动赚取差价。

商品市场。包括金属、农产品、能源等实物商品的期货和现货交易，投资者可以通过价格波动获利。

房地产市场。通过购买、租赁或开发房地产项目获取租金收入或资本增值。

加密货币市场。基于区块链技术的数字货币交易，如比特币、以太坊等，具有高风险、高回报的特点。

3. 投资市场的运作机制

投资市场的运作基于供需关系、信息不对称、风险与收益的平衡以及监管框架。市场参与者包括投资者（个人或机构）、发行人（公司、政府）、中介机构（银行、券商、交易所）及监管机构。信息透明、价格发现、风险管理是市场有效运行的关键。价格发现机制通过买卖双方的竞价形成市场价格，反映资产的真实价值；风险管理则通过多样化投资、对冲策略等方式降低不确定性。

4. 投资市场面临的风险与挑战

市场风险。经济周期、政策变动、地缘政治等因素导致的资产价格波动。

信用风险。债券发行方违约的风险，尤其是高收益债券（垃圾债）。

流动性风险。在市场动荡时，投资者可能难以迅速且以合理价格卖出资产。

操作风险。技术故障、人为错误或欺诈行为对交易的影响。

法律风险。不同司法管辖区的法律差异、监管变化可能带来合规风险。

加密货币特有风险。包括技术安全风险、监管不确定性、市场操纵等。

5. 投资市场的发展趋势

数字化转型。金融科技的发展推动了投资市场的数字化，如智能投顾、区块链技术的应用等，提高了交易效率，降低了成本。

可持续投资。环境、社会和治理（ESG）标准日益受到重视，投资者倾向于选择符合可持续性原则的投资项目。

全球化与本地化并重。一方面，跨境资本流动增加，投资者寻求全球资产配置；另一方面，本地市场和特色资产也受到关注。

监管趋严。金融危机后，各国加强了对金融市场的监管，旨在预防系统性风险，保护投资者利益。

6. 投资策略

多元化投资。分散投资于不同类型的资产和市场，以平衡风险与收益。

长期视角。避免短期投机行为，关注企业的基本面和长期增长潜力。

价值投资。寻找市场价格低于内在价值的资产，长期持有以获取价值回归的收益。

风险管理。设定止损点，使用对冲策略减少特定风险敞口。

持续学习。关注市场动态，理解经济周期，不断提升自己的投资知识和技能。

总之，投资市场是一个充满机遇与挑战的领域，它既是经济增长的引擎，也是个人财富增长的重要途径。面对复杂多变的市场环境，投资者需保持冷静、理性的态度，结合个人风险承受能力、投资目标及市场趋势，制订并执行合理的投资策略。同时，随着技术进步和监管环境的变化，持续学习、适应新趋势，将是投资者在投资市场中保持竞争力的关键。投资市场既是资本的竞技场，也是智慧与勇气的试炼场，每一位参与者都应做好准备，迎接未知的挑战与机遇。

第三节　经营活动

经营活动是企业的基本经济活动，相对于筹资活动与投资活动，它构成企业经济活动的主要内容。经营活动主要包括原料的采购、产品的生产、产成品入库、产品销售、收回销售款，即完成了采购、生产和销售三个过程。另外，在采购、生产和销售过程中，还涉及计算与缴纳税款，也就是财务活动。

一、经营活动的主要内容

（一）企业采购活动

对于企业来说，在平常的工作中，必须控制好企业的成本，只有控制好成本，才能最大限度地获得经济利润，只有管理好企业的成本，才能在企业的产品生产和销售中实现企业的经济效益。这直接关系着企业和每位员工的切身利益。并且企业控制好了经济成本的投入，可以在同行业中更具有优势。

1. 控制采购成本直接影响企业成本和利润的升降

控制采购成本对企业成本和利润的影响至关重要。作为企业经营的重要环节，采购成本直接关联到企业的生产成本，进而影响企业的整体利润水平。

有效的采购成本控制能够显著降低企业的原材料和物资成本，从而提高企业的盈利能力。当采购成本得到有效控制时，企业可以在保证产品质量的前提下，以更低的成本生产产品，从而在市场竞争中占据价格优势。此外，控制采购成本还有助于提升企业的资金利用效率。通过优化采购流程、提高采购效率，企业可以减少库存积压和资金占用，进而加速资金周转，进一步提升企业的经济效益。

2. 控制采购成本直接影响企业的绩效

控制采购成本对企业绩效的影响深远且直接，它不仅是企业财务管理的关键环节，还是企业竞争力的重要体现。

首先，采购成本的高低直接影响企业的生产成本。在制造型企业中，采购成本往往在总成本中占据相当大的比例。因此，有效控制采购成本，意味着企业能够以更低的成本生产出同样质量的产品，这不仅提升了企业的利润空间，还增强了其在市场上的价格竞争力。

其次，控制采购成本有助于提升企业的运营效率。通过优化采购流程、提高采购效率，企业可以更快地获取所需物资，减少库存积压，降低运营成本。这种效率的提升，不仅缩短了产品上市周期，还提高了企业的响应速度和灵活性，增强了市场竞争力。

最后，良好的采购成本控制有助于企业与供应商建立长期稳定的合作关系。通过合理的价格谈判和合同条款，企业可以确保物资供应的稳定性和质量，降低供应风险，进一步提升企业的运营绩效。

综上所述，控制采购成本不仅直接影响企业的成本和利润，还关系到企业的运营效率、市场竞争力和供应链稳定性，是企业绩效提升的关键因素之一。因此，企业应高度重视采购成本控制，通过精细化管理、策略优化等手段，不断降低采购成本，提升整体绩效。①

3. 实现企业采购成本控制目标的重要影响因素

实现企业采购成本控制目标的重要影响因素是一个多维度且复杂的议题，它涵盖了市场环境、企业内部管理以及供应链关系等多个层面。

---

① 王健．现代企业经济管理模式的规范化策略探究 [J]. 科技经济市场，2024（4）：97–99.

（1）市场环境因素

市场竞争格局。激烈的市场竞争往往促使企业寻求更低的采购成本以保持价格优势。供应商之间的竞争可以促使企业获得更有利的采购条件。

原材料价格波动。原材料价格是采购成本控制中的关键因素。市场供需关系、国际经济形势、政策调整等都可能导致原材料价格的大幅波动，进而影响企业的采购成本。

经济周期。经济周期的不同阶段对采购成本有显著影响。在经济繁荣期，需求旺盛可能导致采购成本上升，而在经济衰退期，供应商可能为了维持市场份额而提供更具竞争力的价格。

（2）企业内部管理因素

采购策略。企业的采购策略直接影响采购成本。集中采购、长期合同、招标采购等策略可以有效降低成本。

成本控制意识。企业内部对成本控制的重视程度直接影响采购决策。建立成本控制文化，鼓励员工参与成本控制活动，可以显著降低采购成本。

供应商管理。与供应商建立长期稳定的合作关系，可以促使供应商提供更优质的服务和更低的价格。同时，对供应商进行定期评估，确保其产品和服务质量，也是控制采购成本的重要手段。

信息化建设。利用信息化手段提高采购效率，如采用电子采购系统，可以显著降低采购成本。信息化有助于企业快速获取市场信息，提高采购决策的准确性。

（3）供应链关系因素

供应链整合。通过整合供应链上下游资源，实现信息共享和协同作业，可以降低采购成本。例如，与供应商共同进行产品研发，可以降低原材料成本。

多元化供应商策略。采用多元化供应商策略，可以避免过度依赖单一供应商，从而在谈判中获得更有利的采购条件。

库存管理。优化库存管理，减少库存积压，可以降低库存成本。同时，通过精确预测需求，可以避免过度采购导致的成本浪费。

（二）企业的经营活动

企业的经营活动是一个复杂而多维的过程，它涵盖了从战略规划、资源配置到产品生产、市场营销、客户服务以及财务管理的各个环节。以下是对企业经营活动的一个全面而深入的探讨，旨在帮助企业更好地理解其经营活动的本质和关键要素。

1. 战略规划与资源配置

（1）战略规划

战略规划是企业经营活动的起点，它决定了企业的发展方向和目标。战略规划包括市场定位、竞争策略、长期目标和短期计划等方面。企业需要分析市场环境、竞争对手、自身资源和能力等因素，以确定最适合自己的发展方向和竞争策略。通过明确的目标和计划，企业可以更有效地配置资源，提高运营效率，实现可持续发展。

（2）资源配置

资源配置是企业将有限的资源（如资金、人力、物资等）合理分配到各个部门和项目中，以实现企业战略目标和经营计划的过程。资源配置的合理性直接关系企业的运营效率和盈利能力。企业需要根据战略规划，结合市场需求、项目优先级、成本效益等因素，制订合理的资源配置方案。同时，企业还需要建立有效的监控和评估机制，确保资源的有效利用和及时调整。

2. 生产与运营管理

（1）生产计划与控制

生产计划是企业根据市场需求和资源状况，制订生产任务的计划和安排。生产计划需要考虑产品的种类、数量、交货期等因素，以确保生产活动的有序进行。生产控制则是对生产过程的监督和调整，以确保生产计划的顺利实施。企业需要通过有效的生产计划和控制，提高生产效率，降低成本，满足市场需求。

（2）质量管理

质量管理是企业对产品质量进行规划、组织、控制和改进的活动。质量管理包括质量策划、质量控制、质量保证和质量改进等方面。企业需要建立质量管理体系，明确质量标准和要求，对生产过程进行严格监控，以确保产品质量符合客户需求和法律法规要求。同时，企业还需要通过质量改进活动，不断提高产品质量和竞争力。

（3）供应链管理

供应链管理是企业与供应商、制造商、分销商和最终用户之间建立的战略合作关系，旨在提高供应链的整体效率和竞争力。供应链管理包括供应商管理、库存管理、物流管理等方面。企业需要与供应商建立长期稳定的合作关系，优化库存管理，降低库存成本，提高物流效率，确保供应链的顺畅运行。

3. 市场营销与客户服务

（1）市场营销策略

市场营销策略是企业根据市场需求和竞争状况，制订的营销组合策略。市场营销策略包括产品策略、价格策略、促销策略和渠道策略等方面。企业需要分析市场需求和竞争状况，以确定最适合自己的营销组合策略。通过有效的市场营销策略，企业可以提高品牌知名度，扩大市场份额，提高盈利能力。

（2）客户关系管理

客户关系管理是企业与客户建立、维护和提升关系的过程。企业需要了解客户需求和期望，提供个性化的产品和服务，以提高客户满意度和忠诚度。通过建立客户关系管理系统，企业可以更好地了解客户信息，提高客户服务质量和效率。同时，企业还需要通过客户反馈和投诉处理机制，不断改进产品和服务，提高客户满意度。

（3）品牌建设与推广

品牌建设与推广是企业提高品牌知名度和美誉度的过程。企业需要制订品牌策略，明确品牌定位和价值主张，通过广告宣传、公关活动、社交媒体等多种渠道进行品牌推广。通过品牌建设与推广，企业可以增强品牌竞争力，提高市场份额和盈利能力。

4. 财务管理与风险管理

（1）财务管理

财务管理是企业对资金进行筹集、运用和分配的活动。财务管理包括资金管理、成本控制、利润分配等方面。企业需要制订合理的财务计划，确保资金的充足性和流动性。同时，企业还需要通过成本控制和利润分配策略，提高盈利能力。财务管理是企业经营活动的核心环节之一，对于企业的稳健发展和盈利能力具有重要影响。

（2）风险管理

风险管理是企业识别、评估和控制潜在风险的过程。企业需要建立风险管理体系，明确风险类型和风险等级，制订相应的风险应对策略和措施。通过风险管理，企业可以降低经营风险，提高稳健性和可持续发展能力。

（3）内部控制与审计

内部控制是企业为保障资产安全、提高运营效率、确保财务报告可靠性以及维护企业整体运营稳健性等多重目标而精心构建的一系列规章制度和程序。这些制度不仅涵盖了企业的财务管理、人力资源管理、采购与供应链管理等多个关键领域，还深入每一个业务环节和操作流程之中。

为了确保内部控制的有效性，企业需要建立一套完善的内部控制体系。这一体系不仅要求明确各个岗位的职责分工和权限设置，以确保每个员工都能在清晰界定的职责范围内高效工作，还要通过设立内部审计部门或岗位，对企业的运营活动进行持续的监督和审计。

内部审计是内部控制体系中不可或缺的一环。它通过对企业各项业务的审查和评价，帮助管理层及时发现并纠正存在的问题，从而有效防范和控制风险。同时，内部审计还能够对企业的运营效率进行客观评估，为管理层提供改进建议，推动企业运营效率的提升。此外，内部控制和审计的加强还有助于企业提高风险管理水平。通过对潜在风险的识别和评估，企业可以制订更加精准的风险应对策略，从而降低经营风险，确保企业的稳健运营。

5. 创新与可持续发展

（1）技术创新

技术创新是企业通过研发新产品、新工艺或新技术来提高竞争力的过程。企业需要加大研发投入，培养创新人才，加强产学研合作，推动技术创新成果的应用和转化。通过技术创新，企业可以提高产品质量和性能，降低成本，提高市场竞争力。

（2）管理创新

管理创新是企业通过改进管理流程、方法和手段来提高运营效率的过程。企业需要关注市场动态和行业趋势，借鉴先进管理经验和方法，结合自身实际情况进行创新实践。通过管理创新，企业可以提高运营效率和管理水平，降低成本和风险。

（3）可持续发展

可持续发展是企业在追求经济效益的同时，注重环境保护、社会责任和员工福利等方面的发展。企业需要制订可持续发展战略，加强环境管理和社会责任履行，提高员工福利和职业发展机会。通过可持续发展实践，企业可以树立良好的企业形象和社会声誉，以提高品牌价值和市场竞争力。

二、经营税务管理

税务筹划是指企业在法律允许范围内，通过合理安排经营活动以降低税负、实现税收利益最大化的筹划活动。

企业在严格遵守税法规定并确保自身持续健康发展的基础上，合理利用现行的税收政策来控制成本、节约费用，税务筹划因此成为企业运营中的关键环节。企业管理者必须密切关注经营活动中涉及的各个方面，如采购方式的优化选择、会计政策及会计估计的恰当运用、费用的合理分摊等，这些都是税务筹划的重要组成部分。在实施筹划时，管理者不仅要考虑如何有效减税，还要兼顾企业的整体经济效益，通过科学决策和精细管理，力求在合法合规的前提下，实现企业价值的最大化。

（一）企业采购的税务筹划

企业采购的税务筹划是指在采购过程中，企业充分利用税收政策和法规，通过合理选择供应商、优化采购结构、利用税收优惠政策等手段，以降低采购成本、减少税负，从而提高整体经济效益的一系列精心策划活动。

在采购税务筹划中，企业需要综合考虑供应商的税务资质、发票类型、税率等因素，以选择最合适的供应商和采购方式。同时，企业还可以通过优化采购结构，如集中采购、分散采购等方式，来降低采购成本。此外，企业还应积极关注国家税收政策的调整和变化，充分利用税收优惠政策，如增值税进项税额抵扣、出口退税等，以降低税负，提高经济效益。

（二）会计核算的税务筹划

企业可利用会计处理方法的可选择性进行税务筹划，这是一种合法且有效的财务策略，旨在减轻税务负担，提升企业经济效益。在现实经济活动中，同一经济事项往往存在多种会计处理方法，这些方法在会计准则框架内均被认可，并且不同的方法会对企业的财务状况产生不同的影响。由于税法通常也承认这些不同的会计处理方法，因此，通过精心策划，企业可以选择对其最为有利的会计处理方法，以达到节约税收成本、提升整体财务效益的目的。以下从几个方面详细阐述企业如何利用会计处理方法的可选择性进行税务筹划。

1. 存货计价方法的选择

存货是企业资产的重要组成部分，其计价方法的选择直接影响到企业的成本计算和利润确定，进而影响企业的应纳税所得额。常见的存货计价方法包括先进先出法（FIFO）、后进先出法（LIFO）、加权平均法和个别计价法等。

先进先出法。在物价上涨时期，采用先进先出法会使早期购入的低价存货先被计入成本，从而降低当期的销售成本和增加利润，可能导致较高的应纳税所得额。但在物价下跌时，该方法则能减少利润，降低税负。

后进先出法。与先进先出法相反，在物价上涨时，后进先出法通过计入后期高价存货的成本，减少当期利润，降低应纳税所得额。但在物价下跌时，该方法会增加利润，提高税负。需要注意的是，后进先出法在一些国家和地区已被限制或禁止使用，因为它可能导致会计信息的失真。

加权平均法。该方法通过计算所有存货的平均成本来分配成本，避免了物价波动对成本和利润造成的极端影响，使得成本在时间上更加平滑，有利于企业保持稳定的税负水平。

个别计价法。对于特定项目或批次的存货，根据其实际成本进行计价。这种方法适用于存货品种少、单价高或易于识别成本的情况，能够更准确地反映存货的实际成本，但在操作上较为复杂。

企业在进行存货计价方法的选择时，应综合考虑市场环境、物价趋势、企业税收政策以及会计信息的准确性和可比性等因素，选择最有利于企业长期发展的方法。

2. 固定资产折旧方法的选择

固定资产折旧是企业成本的重要组成部分，不同的折旧方法会直接影响企业的成本结构和利润水平，进而影响税务筹划。常见的折旧方法包括直线法、加速折旧法（如双倍余额递减法、年数总和法）等。

直线法。按照固定资产的原值和预计使用寿命平均分摊折旧额，每年折旧额固定不变。这种方法简单明了，适用于技术更新不快、使用寿命较长的固定资产。在税率稳定的情况下，直线法能为企业提供稳定的税负。

加速折旧法。在固定资产使用初期计提较高的折旧额，随着使用年限的增加，折旧额逐渐减少。这种方法能够更快地回收固定资产的投资成本，减少前期的应纳税所得额，从而节约税收成本。加速折旧法特别适用于技术进步快、更新换代频繁的固定资产，如电子设备、交通工具等。

企业在选择折旧方法时，需考虑资产的性质、使用寿命、技术进步速度、税收政策以及资金的时间价值等因素。在税法允许的情况下，加速折旧法通常能为企业带来更大的税收利益，但也可能导致前期利润较低，影响企业的融资能力和市场形象。

3. 长期股权投资核算方法的选择

长期股权投资是企业重要的投资活动之一，其核算方法的选择直接影响到企业的投资收益和应纳税所得额。常见的核算方法包括成本法和权益法。

成本法。在成本法下，长期股权投资以初始投资成本计价，除非发生减值或处置，否则账面价值保持不变。投资收益仅在收到股利时确认。这种方法适用于企业对被投资单位无控制、无共同控制且无重大影响的情况。

权益法。在权益法下，长期股权投资按被投资单位所有者权益的变动进行调整，包括被投资单位实现的净利润、亏损、其他综合收益以及权益变动等。这种方法能够更准确地反映投资企业在被投资单位中的经济利益，但也可能导致投资收益的波动性较大。

企业在选择长期股权投资核算方法时，应综合考虑投资目的、投资比例、被投资单位的财务状况和经营成果、税收政策等因素。在税法允许的情况下，如果投资企业对被投资单位具有重大影响或控制，采用权益法可能更有利于反映真实的投资收益，同时也可能为企业带来更大的税收利益。

4. 收入确认时点的选择

收入是企业经营活动的核心成果之一，其确认时点的选择直接影响到企业的利润水平和应纳税所得额。税法通常对收入的确认时点有明确规定，但企业可以在税法允许的范围内，根据会计准则和自身经营特点，合理选择收入确认时点。例如，在销售合同中，企业可以与客户约定不同的交货方式和付款条件，从而影响收入确认的时点。对于预收款销售，企业可以在收到款项时即确认收入；对于赊销，企业可以在货物发出并符合收入确认条件时确认收入；对于分期收款销售，企业可以按照合同约定的收款进度分期确认收入。

在选择收入确认时点时，企业应充分考虑合同条款、货物交付、收款情况、客户信用状况以及税法规定等因素，确保收入确认的合规性和合理性。同时，通过合理安排收入确认时点，企业可以在一定程度上调节应纳税所得额，以便减轻税务负担。

5. 费用摊销和计提的策划

费用摊销和计提是企业成本控制的重要环节,也是税务筹划的重要手段之一。企业可以根据税法规定和会计准则的要求，合理选择费用摊销和计提的方法，以达到节约税收成本的目的。

费用摊销。对于长期待摊费用，如开办费、租入固定资产的改良支出等，企业可以根据税法规定选择合理的摊销期限和摊销方法。在税法允许的范围内，适当延长摊销期限可以降低每年的摊销额，从而减少应纳税所得额。

费用计提。对于预计负债、坏账准备等预计费用，企业可以根据会计准则和税法规定进行合理计提。通过合理计提费用，企业可以在一定程度上平滑利润波动，降低应纳税所得额。同时，计提的费用还可以在未来实际发生时作为费用扣除，进一步降低税负。

第三章　人力资源管理基础认知

第一节　人力资源管理定义、重要性及发展趋势

一、人力资源管理的定义

管理的本质是管人，而人是管理的主体和客体，作为最主要的资源——人力资源必须进行科学而有效的开发和管理，这样才能最大限度地造福社会、造福人类。因此我们要依靠员工，实行参与管理、民主管理，加强对人才的管理。人力资源管理要兼顾组织目标和个人目标，尽可能地满足员工的需求。

一般来说，人力资源管理是指运用现代的科学方法，对与一定物力相结合的人力进行合理培训、组织与调配，使人力、物力经常保持最佳比例（量的管理），同时对人的思想、心理和行为进行恰当诱导、控制和协调，充分调动人的主观能动性（质的管理），使人尽其才，事得其人，人事相宜，以实现组织目标。就企业而言，人力资源管理可被认为是人事管理的一种较新方式，它把企业中的人视作一种关键资源。人力资源管理为某一组织的人员管理提供支持，它关注的焦点在于建立、维护和发展特定的体系，该体系作用于员工受雇于企业的整个过程，包括招聘、选拔、奖励、评估、培训、解雇等环节。

人力资源管理的广义目标是充分利用组织中的所有资源，使组织的生产率水平达到最高。而人力资源管理的狭义目标是帮助各个部门的直线经理更加有效地管理员工，具体而言就是人事部门通过人事政策的制定、解释、忠告和服务来使人的有效技能最大化发挥，利用价值标准、基本信念（社会价值观、群众价值观、个人价值观等）和现实的激励因素（任用情况、信任情况、晋升情况、工资制度、奖励制度、处罚制度、参与程度、福利状况）等充分调动员工的主观能动性，实现员工和组织的绩效目标。

人力资源管理贯穿始终的一个主题是：承认员工是企业的一笔宝贵财富。我

们应该认识到，从人事管理到人力资源管理的转变不只是管理职能称谓的改变，而是一次管理观念和管理实践的更新。

二、人力资源管理的重要性

人力资源管理在组织或企业中扮演着至关重要的角色，其重要性体现在以下多个方面，每一项都深刻影响着组织的运营与发展。

（一）提升组织效能

人力资源管理通过一系列精细化的操作，如精准的招聘策略、科学的选拔流程、系统的培训计划和公正的绩效管理，可以确保组织能够吸引并留住那些具备高能力和高潜力的员工。这些员工不仅具备完成任务所需的专业技能，还能够在工作中展现出高度的责任感和敬业精神。他们的高效工作直接提升了组织的整体效能，使组织能够在激烈的市场竞争中保持领先地位。组织通过合理的激励机制，如奖金、晋升机会等，可以进一步激发员工的工作热情，提高他们的工作效率，从而为组织创造更多的价值。①

（二）促进组织目标的实现

人力资源管理的核心目标之一是确保组织战略与员工行为的一致性。为了实现这一目标，人力资源部门需要深入了解组织的战略目标，并根据这些目标制订相应的人力资源政策和计划。这些政策和计划旨在引导员工的行为和态度，使他们能够积极投身于组织目标的实现过程。通过设定明确的绩效目标、提供必要的资源和支持，以及建立有效的沟通机制，人力资源部门可以确保员工的行为与组织战略保持一致，从而推动组织目标的实现。

（三）提升员工满意度和忠诚度

良好的人力资源管理实践对于提升员工的满意度和忠诚度至关重要。一个公平的薪酬体系可以确保员工的付出得到合理的回报，从而增强他们的归属感和满足感。一个舒适、安全且充满人文关怀的工作环境则能够提升员工的工作体验，使他们更加愿意为组织付出努力。此外，通过提供充分的职业发展机会和培训资源，企业人力资源部门可以帮助员工实现个人成长和职业发展，从而增强他们对

① 田斌编．人力资源管理 [M]. 成都：西南交通大学出版社，2019.

企业的忠诚度和认同感。这些措施共同作用，有助于降低企业的人才流失率，提高员工的稳定性和对企业的忠诚度。

（四）优化资源配置

人力资源管理在优化资源配置方面发挥着重要作用。通过合理的岗位设置和人员编制，人力资源部门可以确保组织资源得到最有效的利用。他们需要根据组织的业务需求和员工的能力特点，将合适的人放在合适的岗位上，以实现人尽其才、物尽其用的目标。同时，通过有效的资源配置策略，如灵活用工、项目制管理等，人力资源部门可以进一步降低组织成本，提高资源使用效率，为组织的长期发展奠定坚实基础。

（五）应对组织变革

在快速变化的市场环境中，组织需要不断适应和调整。人力资源管理通过制订、实施培训和发展计划，帮助员工提升适应能力和创新能力。这些计划旨在培养员工的多元化技能和跨领域能力，使他们能够更好地应对组织变革带来的挑战。同时，人力资源部门还需要与员工保持密切沟通，了解他们的需求和期望，为他们提供必要的支持和指导。通过这些措施，人力资源部门可以确保员工在变革过程中保持积极的心态和行动，为组织的顺利转型提供有力保障。

（六）塑造组织文化

人力资源管理在塑造和维护组织文化方面发挥着关键作用。通过制定符合组织价值观的行为规范和激励机制，企业人力资源部门可以引导员工形成共同的行为模式和价值观。这些规范和机制不仅有助于营造积极向上的工作氛围，还能够增强组织的凝聚力和向心力。同时，企业人力资源部门还需要通过组织文化活动、宣传组织理念等方式，不断传播和强化组织文化，使员工更加认同和融入组织。这些努力共同作用，有助于构建具有独特魅力和竞争力的组织文化，为组织的长期发展提供精神动力。

（七）提升组织形象

一个拥有良好人力资源管理实践的组织，往往能够吸引更多优秀的人才加入。这些实践不仅体现了组织对员工的重视和关怀，还展示了组织的专业性和竞争力。同时，良好的人力资源管理实践也有助于提升组织的外部形象。通过积极参与社会公益活动、发布行业报告等方式，企业人力资源部门可以向外界展示组织的价值观和责任感，从而提升组织的知名度和美誉度。这些努力共同作用，使组织在市场竞争中更具吸引力，为组织的长期发展创造有利条件。

三、人力资源管理的发展趋势

21 世纪，人类社会进入一个以知识为主宰的全新时代。随着经济全球化、信息技术的快速发展，企业赖以生存的环境与竞争方式正发生着深刻的变化，人力资源管理也经历着前所未有的来自信息化、知识与创新、企业变革等各种力量的挑战和冲击，其发展呈现以下几个趋势。

（一）人力资源管理在企业价值链中的作用日益凸显

人力资源管理的核心是如何通过价值链的管理来实现人力资源的价值及人力资源价值的增值，价值链本身就是对人力资源激励和创新的过程。人力资源管理之所以能日益突出在企业价值链中的重要作用，在于其可以为企业提供附加值。因此，企业人力资源管理部门应该积极加强与企业各职能部门的联系，从权力中心走向服务中心。

人力资源管理的价值创造遵循二八定律，即那些能够为企业创造巨大价值的人创造了 80% 的价值，而这类人员数量在企业中仅占 20%，同时他们能够带动企业其他 80% 的人。人力资源管理者要注重形成企业的核心层、中间层、骨干层员工队伍，同时实现企业人力资源的分层、分类管理模式。人力资源管理要通过合理的价值评价体系及评价机制，使企业所需要的真正优秀人才脱颖而出，通过建立合理的价值分配体系，有效地激励员工。

（二）知识型员工的管理成为人力资源管理的重心

随着知识经济时代的到来，知识型员工日益增多，人力资源管理的重心转向对知识型员工的管理，知识的创造、传递、应用和增值成为人力资源管理的主要内容。

知识型员工拥有知识资本，他们在企业中的独立性、自主性和流动性较强，他们不是被动地适应企业或工作的要求，而是具有更多的就业选择权与工作的自主决定权。因此，企业管理者要尊重他们，并站在其内在需求的角度，为他们提供好的服务，以此赢得他们的满意与忠诚。知识型员工不是简单地通过劳动获得工资性收入，而是要与资本所有者共享价值创造成果。

人力资源管理要高度关注知识型员工，要以新的思维来对待员工，提供令员工满意的人力资源服务来吸纳、留住、激励、开发企业所需要的人才。具体包括：①共同愿景——通过提供共同愿景，将企业的目标与员工的期望结合在一起，满足员工的事业发展期望；②价值分享——通过提供富有竞争力的薪酬体系及价值分享来满足员工多元化的需求，包括企业内部信息、知识、经验的分享；③人力资本增值服务——通过提供持续的人力资源开发、培训，提升员工的人力资本价值；④授权赋能——让员工参与管理，授权员工工作自主权，并承担更多的责任；⑤支持与援助——通过建立支持与援助系统，为员工实现个人与企业发展目标提供条件。

（三）企业与员工出现新的关系模式

企业与员工之间建立以劳动契约和心理契约为双重纽带的战略合作伙伴关系，目的是促进个人与企业共同成长。一方面要依据市场法则确定员工与企业双方的权利义务关系；另一方面要求企业与员工一道建立共同愿景，形成共同的价值观，实现员工的自我发展与管理。企业要关注员工对企业的心理期望与企业对员工的心理期望，并在两者之间达成“默契”，在企业和员工之间建立信任与承诺关系。

在知识经济时代，企业与员工之间的劳动契约关系也在发生着变化。随着市场竞争范围的扩大和竞争程度的提高，企业逐渐意识到灵活用工在降低管理成本、提升企业柔性方面的积极作用，开始寻求不同的渠道和方式的用工模式，如非全日制用工、临时雇用、固定期限合同用工等方式。非全日制用工在工作时间方面、外包用工在工作地点方面以及派遣用工在契约性质方面与传统的雇佣关系都有很大差异。

（四）互联网技术在人力资源管理中的广泛应用

传统的人力资源管理技术耗费大量的人力、物力、财力和时间，人力资源管理者劳动强度大，工作效率相对较低。随着信息技术的快速发展，互联网不仅改变了人们的思维方式、工作方式和生活方式，而且改变了人力资源管理的方式，网络招聘、在线培训、网络沟通、网络管理等人力资源虚拟化管理已成为一种必然趋势。强有力的信息技术已成为人力资源管理再造的媒介之一，正在和将要改变人力资源活动决策、管理及评估方式。因此，未来的人力资源管理，不仅要建立和完善适应虚拟化管理的技术体系，还要建立适应信息技术发展的企业网络文化。

（五）跨文化管理成为人力资源管理的趋势

决定人力资源管理差异的基础在于企业文化，不同国家的企业人力资源管理的不同，其根本原因在于国家文化的不同。而经济的全球化必然要求人力资源管理的全球化。在全球化的背景下，人才流动国际化、人才竞争国际化已成为必然趋势，国际化的人才市场与人才交流将逐渐发展成为一种获取人力资源的主要形式。未来的人力资源管理需要有效地管理全球范围内的知识和人才，跨文化的人力资源管理将成为现代人力资源管理的重要内容。

第二节　人力资源规划概念、流程与供需分析

一、人力资源规划概述

凡事预则立，不预则废，人力资源规划是现代人力资源管理的一项重要职能。特别是在战略人力资源管理的背景下，人力资源管理已经从被动地满足组织的现实人力资源需求转向主动根据组织环境变化及组织战略的未来需要开展各项人力资源管理与开发活动，而科学的人力资源规划是这些活动的行动纲领。

人力资源着眼于为未来的经营活动预先准备人力，持续和系统地分析组织在不断变化的条件下对人力资源的需求，并开发制定出与组织长期效益相适应的人事政策。

（一）人力资源规划的含义与意义

1. 人力资源规划的含义

20 世纪 60 年代，伴随着第二次世界大战后经济的高速增长和繁荣，充分就业条件下的人力资源稀缺问题受到关注，企业将人力供需研究提上日程，从而提出了所谓的“人力计划”。到 20 世纪 80 年代，“人力资源管理”取代“人事管理”成为主流，特别是伴随着人力资源管理战略的地位获得认可，人力资源规划理论及研究方法也日益完善，在实践中也获得全面的发展与应用。

人力资源规划（HRP）又称人力资源计划，是指组织为了实现自身的发展，完成相应的经营目标，根据组织内外环境和条件的变化，运用科学的方法对组织的人力资源的供给和需求进行预测，制定合理的政策和措施，从而使组织人力资源供给和需求达到平衡，实现人力资源的合理配置，有效激励员工的过程。人力资源规划是组织整体规划和战略的有机组成部分。①

人力资源规划要在企业发展战略和经营规划的基础上进行。因为人力资源管理只是企业经营管理系统的一个子系统，是为企业发展提供人力资源支持的，所以人力资源规划必须以企业的最高战略为坐标。

人力资源规划应包括两部分：一是对企业在特定时期内的人员供给和需求进行预测；二是根据预测的结果采取相应的措施进行供需平衡。在这两部分内容中，前者是后者的基础，离开了预测，企业将无法进行人力资源平衡；后者是前者的目的，企业如果不采取措施平衡供需，那么企业进行预测就失去了意义。

人力资源规划对企业人力资源供给和需求的预测要从数量和质量这两个方面来进行，企业对人力资源的需求，数量只是一个方面，更重要的是要保证质量，也就是说，供给和需求不仅要在数量上平衡，还要在结构上匹配，而对于后者，人们往往容易忽略。

通过人力资源规划能够回答或解决以下问题：①企业在某一特定时期内对人力资源的需求是什么？即企业需要多少人员？这些人员的构成和要求是什么？②企业在相应的时间内能得到多少人力资源的供给？这些供给必须与需求的层次和类别相对应。③在这段时期内，企业人力资源供给和需求比较的结果是什么？企业应当通过什么方式来达到人力资源供需的平衡？

可以说，上述三个问题形成了人力资源规划的三个基本要素，涵盖了人力资源规划的主要方面。如果能够对这三个问题作出比较明确的回答，那么人力资源规划的主要任务就完成了。

2. 人力资源规划的意义

（1）人力资源规划有助于企业发展战略的制订

在进行人力资源规划时，要以企业的发展战略和经营规划作为依据，但是这两者之间并不是一种简单的单向关系，而是存在一种双向的互动关系。企业的发

---

① 温旺旺. 人力资源规划对企业高质量发展的影响分析 [J]. 中国集体经济，2024（31）：77-80.

展战略是对未来的一种规划，这种规划同样也需要将自身的人力资源状况作为一个重要的变量加以考虑。例如，如果预测的人力资源供给无法满足设定的目标，那么就要对战略和规划作出相应的调整。做好人力资源规划反过来又会有利于企业战略的制订，使战略更加切实可行。

（2）人力资源规划有助于企业保持人员状况的稳定

企业的正常运转需要人员状况保持相对的稳定，但是企业都是在复杂的内外部环境条件下进行生产经营活动的，而这些环境因素又处于不断发展变化之中，因此，企业为了自身的生存和发展，必须随时依据环境的变化及时作出相应的调整，如改变经营计划和变革组织结构等，这些调整往往会引起人员数量和结构的变化。此外，企业内部的人力资源自身也处于不断的变化之中，如辞职、退休等，这也会引起人员数量和结构的变化。由于人力资源的特殊性质，这些变化造成的影响往往具有一定的时滞性。因此，企业为了保证人员状况的稳定，就必须提前了解这些变化并制订相应的措施，在这种情况下，人力资源规划就显得非常有必要。

（3）人力资源规划有助于企业降低人工成本的开支

虽然人力资源对企业来说具有非常重要的意义，但是，它在为企业创造价值的同时也给企业带来了一定的成本开支，而理性的企业又是以利润最大化为目标的，追求以最小的投入实现最大的产出，因此，企业不可能使拥有的人力资源超出自身的需求，这样不仅会造成人力资源的浪费，还会增加人工成本。通过人力资源规划，企业可以将员工的数量和质量控制在合理的范围内，从而节省人工成本。

（4）人力资源规划对人力资源管理的其他职能具有指导意义

这就如同人力资源规划和企业战略之间的关系一样，虽然人力资源规划目标的实现需要以人力资源管理的其他职能作为基础，但是它反过来又对这些职能具有一定的指导意义，为它们提供了行动的信息和依据，使这些职能活动与企业的发展结合得更加紧密。

（二）人力资源规划的类型和内容

1. 人力资源规划的类型

（1）按照时间跨度划分

按照时间跨度，人力资源规划可分为长期规划、中期规划和短期规划。长期规划是 5 ~ 10 年的计划，比较抽象，主要确立组织的人力资源的战略。中期规划介于长期和短期之间，一般是 1 年以上，5 年以内，主要是根据战略规划来制订人力资源的战术规划。短期规划一般是1年以内的执行计划，主要制订作业性的行动方案，一般而言任务清晰、目标明确，是中长期规划的贯彻和落实。

（2）按照层次划分

按照层次，人力资源规划可分为总体规划和业务规划。总体规划是指在规划期内人力资源管理和开发的总目标、总政策、实施步骤以及总预算的安排。各项业务规划是指人力资源总体规划的进一步展开和细化，包括人员补充计划、人员使用计划、晋升计划、教育培训计划、薪资计划、退休计划、劳动关系计划等。

2. 人力资源规划的内容

（1）总体规划的内容

人力资源总体规划侧重于人力资源总体的、概括性的谋略以及有关重要方针、政策和原则。总体规划的主要内容包括以下几个方面：①阐述在组织战略规划内组织对各种人力资源需求和各种人力资源配置的总体框架。②阐述人力资源管理方面的重要方针、政策和原则。如人才的招聘、晋升、降职、培训与开发、奖惩和福利等方面的重大方针和政策。③确定人力资源投资的预算。

（2）业务规划的内容

人力资源业务规划是总体规划的具体实施和人力资源管理具体业务的部署，具体内容如下。

人员补充规划。人员补充规划是人事政策的具体体现，目的是合理填补组织中、长期内可能产生的职位空缺。补充规划与晋升规划是密切相关的。由于晋升规划的影响，组织内的职位空缺逐级向下移动，最终积累在较低层次的人员需求上。同时这也说明，较低层次人员的吸收录用，必须考虑若干年后的使用问题。人员补充规划的目标涉及人员的类型、数量、层次、对人员素质结构的改善等。人员补充规划的政策包括人员的资格标准、人员的来源范围、人员的起点待遇等。人员补充规划的步骤就是从制订补充人员标准到招聘、甄选和录用等一系列工作的时间安排。补充规划预算则是组织用于人员获取的总体费用。

人员配置规划。人员配置规划是对中、长期内处于不同职位或工作类型的人员的安置和调配规划。组织中各个部门、职位所需要的人员都有一个合适的规模，这个规模是随着组织内外部环境和条件的变化而变化的。配置规划是要确定这个合适的规模以及与之对应的人员结构是怎样的，这是确定组织人员需求的重要依据。配置规划的目标包括部门编制、人力资源结构优化、职位匹配、职位轮换等。

配置规划的政策包括确定任职条件、职位轮换的范围和时间等。配置规划的预算是按使用规模、类别和人员状况决定薪酬预算。

人员晋升规划。人员晋升规划实质上是组织晋升政策的一种表达方式。对企业来说，有计划地提升有能力的人员，以满足职位对人的要求，是组织的一项重要职能。从员工个人角度看，有计划地提升可满足员工自我实现的需求。晋升规划的目标是后备人员数量的保持，人员结构的改善，组织绩效的提高。晋升规划的政策涉及制定选拔标准和资格、确定雇佣期限和晋升比例，一般用指标来表达，例如晋升到上一级职位的平均年限和晋升比例。晋升规划的预算是由职位变化所引起的薪酬的变化。

培训与开发规划。培训与开发规划的目的是为企业中、长期所需弥补的职位空缺事先培训人员。在缺乏有目的、有计划的培训与开发规划的情况下，员工自己也会培养自己，但是效果未必理想，也未必符合组织中职位的要求。但是如果组织把培训开发规划与晋升规划、补充规划联系在一起，培训的目的就明确了，培训的效果也就明显提高了。培训与开发的目标是员工素质与绩效的改善、组织文化的推广、员工上岗指导等。培训开发规划需要组织制定支持员工素质与绩效的终身教育、政策、培训时间和待遇的保证政策等。培训与开发的预算包括培训投入的费用和由于脱产学习造成的间接误工费用等。

员工关系规划。员工关系规划的目标是提高工作效率、改善员工关系、降低离职率。员工关系规划的政策是制定参与管理的政策和措施、对“合理化建议”奖励的政策和措施、有关团队建设和管理沟通的政策和措施等。员工关系规划的预算包括用于鼓励员工团队活动的费用支出、用于开发管理沟通的费用支出、有关奖励基金以及法律诉讼费用等。

退休解聘规划。退休解聘规划的目标是降低老龄化程度，降低劳动力成本，提高劳动生产率。有关的政策是制定退休和返聘政策、制定解聘程序。涉及的预算包括安置费、返聘津贴等。

二、人力资源规划的流程

为了有效地实现目标，人力资源规划必须按照一定的程序进行。人力资源规划的程序有以下四个基本步骤。

（一）调查分析

这一阶段的工作主要是信息收集。信息收集是制订人力资源规划的基础，通过调查，收集和整理涉及企业战略决策和经营环境的各种信息，为后续阶段的工作做好资料准备。影响人力资源规划的信息主要有组织外部环境信息和组织内部环境信息。

1. 组织外部环境信息

组织外部环境就是影响组织正常经营的外部因素，如组织所在地的政治、经济、文化、法律、人口以及社会环境等。外部环境中最重要的因素是劳动力市场、政府相关法律法规以及劳动者的自主择业情况等。

（1）劳动力市场

劳动力市场是企业外部的一个人才“蓄水池”，它为企业提供所需的人才储备，它是时刻在发生变化的。劳动力市场的供给变化会影响企业对人力的实际“购买”，劳动力市场人才的素质也决定了企业对人员的录用。而企业员工的能力在很大程度上决定着企业能否顺利地实现目标。由于企业可以从外部聘用新的员工，因而会间接影响企业的用工规模。除此之外，还有关键的一点，劳动力的价格会直接影响企业的经营成本，因此企业在制订人力资源规划时，劳动力的价格是必须考虑的因素。

（2）行业发展状况

行业发展状况构成企业发展的一个大背景，当行业发展不景气时，从事这个行业的企业会不可避免地受到影响，比如缩小企业规模，这就要求企业对其以前制订的人力资源规划进行调整。当某个行业发展快速、繁荣时，其间的企业也会乘势迅速发展、相应扩大企业规模，从而需要企业适当改变人力资源规划。

（3）政府政策

政府政策就好比一个调节器，它会有选择地对企业行为进行调整。若企业的某种经营行为正好是政策所提倡和鼓励的，那么此类经营行为就会比较顺利进行，它所对应的经营目标也会较快地得到实现。因此，企业会根据自身的情况，相应调整自己的战略方向、业务重心和人力资源政策。这样一来，企业人员的流动调配和人力制度就会发生变化，从而进一步推动其人力资源规划的变动。

（4）职业价值观

人们的职业观念、职业评价会直接影响人们对职业的选择，不同的职业价值观会选择不同的就业领域或行业。某些行业或岗位社会认同度比较高，相关组织获取人力资源就容易一些；反之则困难一些。因此，组织在制订人力资源规划时，必须充分考虑人们的择业心理和职业价值观。

2. 组织内部环境信息

内部环境主要包括组织的经营战略、组织管理制度和组织的人力资源现状等。组织的经营战略是组织的宏观计划，对组织内所有的经营活动都有指导作用。组织管理主要包括组织现有的组织结构、管理体系、管理机制、管理风格、薪酬政策以及企业文化等，组织管理者只有对组织现有的组织结构、管理制度、组织文化等有充分的了解，才能预测组织未来对人力资源的需求。组织的人力资源现状包括人力资源数量、素质、年龄、工作类别、岗位等，有时也涉及员工价值观、员工潜能等。组织只有对现有人力资源进行充分了解和有效利用，才能保证人力资源规划真正实现其价值。

（二）预测供需

这一阶段的主要任务是在充分掌握信息的基础上，使用有效的预测方法，对于组织在未来某一时期的人力资源供给和需求做出预测。在预测完毕之后，对供求数据进行比较，从而采取有效的平衡措施。

1. 人力资源需求预测

人力资源需求预测包括短期预测和长期预测，总量预测和各个岗位需求预测。人力资源需求预测的典型步骤如下：①现实人力资源需求预测；②未来人力资源需求预测；③未来人力资源流失情况预测；④得出人力资源需求预测结果。

2. 人力资源供给预测

人力资源供给预测包括组织内部供给预测和组织外部供给预测。内部供给预测又称内部拥有量预测，即根据现有人力资源及其未来变动情况，预测出各规划时间点上的人员拥有量；外部人力资源供给量预测，即确定在各规划时间点上的各类人员的可供给量预测，主要考虑社会的受教育程度、本地区的劳动力的供给状况等。人力资源供给预测的典型步骤如下：①内部人力资源供给预测；②外部人力资源供给预测；③将组织内部人力资源供给预测数据和组织外部人力资源供给预测数据汇总，得出组织人力资源供给总体数据。

3. 确定人力资源净需求

在对人力资源未来的需求供给预测数据的基础上，将本组织人力资源需求的预测数与在同期内组织本身可供给的人力资源预测数进行对比分析，从对比分析中测算出各类人员的净需求数。这里所说的“净需求”既包括人员数量，也包括人员的质量、结构，既要确定“需要多少人”，又要确定“需要什么人”，数量和质量要对应起来。这样组织就可以有针对性地进行招聘或培训，为组织制定有关人力资源的政策和措施提供依据。

（三）制订规划

人力资源规划的制订是人力资源规划程序的实质性阶段，包括制定人力资源管理目标、人力资源管理政策和人力资源规划内容。

1. 人力资源管理目标的制定

人力资源管理目标是组织经营发展战略的重要组成部分，因此它必须以组织的长期计划和运营计划为基础，从全局和长期的角度来考虑组织在人力资源方面的发展和要求，为组织长期经营发展提供人力支持。

人力资源管理目标不应该是单一的，而应该涉及人力资源管理活动的各个方面，同时在多样性的目标中，应该突出那些关键的目标，关键的目标往往与组织人力资源的主要问题相关。同时规划目标应该有具体明确的表述，一般来说，可以用人力资源管理活动的最终结果来表述，例如，“在本年度内，每个员工接受培训的时间要达到 40 小时”“到明年年底，将管理部门的人员精减 1/3”。目标也可以用工作行为的标准来表达，例如，“通过培训，受训者应该掌握 ×× 技能”。

2. 人力资源管理政策的制定

人力资源管理政策是以开发具体的人力资源实践为目标的总体指导原则和行动准则，涉及人力资源活动的各个方面，它决定了人力资源管理活动如何开展和进行，每一个业务单位都可以进行与组织人力资源管理政策相一致的具体的人力资源实践。

影响组织人力资源管理政策的因素主要有两个方面：一方面是具体情况要素，这些要素来自组织外部环境和组织自身，如劳动力特征、经营战略和条件、管理层理念、劳动力市场、工作任务和技术、法律法规、社会文化和价值观；另一方面是利益相关者的利益因素，如股东、管理层、员工、政府、社会、工会等。

3. 人力资源规划内容的制订

人力资源规划内容的制订主要包括总体规划和业务规划。

（1）人力资源总体规划的制订

人力资源总体规划的制订一般应该包括以下几个方面：与组织的总体规划有关的人力资源规划目标任务的说明；有关人力资源管理的各项政策及有关说明；内部人力资源的供给与需求预测；外部人力资源情况与预测；人力资源"净需求"等。

（2）人力资源业务规划的制订

每一项业务规划都包括目标、任务、政策、步骤以及预算等要素。业务规划要具体详细，具有可操作性。如：一项裁员计划，应该包括对象、时间、地点；经过培训可以避免裁减人员的情况；帮助裁减对象寻找新工作的具体步骤和措施；裁员的经济补偿预算；其他相关的问题；等等。

（四）实施评估

人力资源规划的价值在于实施，在实施过程中需要对规划进行定期或者不定期的评估。

1. 人力资源规划的实施

人力资源规划的实施是一个动态的过程，包括对计划的审核、执行、控制和反馈等步骤。

（1）审核

审核是对人力资源规划的质量、水平和可行性进行的评价工作，是计划的一个不可或缺的环节，同时它本身也是规划制订的一项重要工作内容。审核工作必须有组织保证，一般由一个专门的委员会（人力资源管理委员会）来进行，也可以由人力资源部门会同有关的部门经理和专家进行。审核主要围绕以下几个方面：一是对规划的客观性审核。客观性是指人力资源规划制订时所依据的信息是否属实、考虑是否周到、分析和判断是否符合实际等，客观性是规划的科学性和可行性的保证。二是对规划完整性的审核。完整性是对规划内容的覆盖面、时间进度安排、责任明确性、操作程序等方面的审核。

（2）执行

执行就是逐项落实规划的内容和要求。执行过程要注意以下几点：一是充分做好各项准备工作，包括相关资源的准备；二是按照规划的要求全面执行，也就是说，要按照一切主要指标来完成规划；三是均衡有序，执行规划要遵循规划所确定的进度和各项工作的内在逻辑，注意它们之间的衔接和协调。

（3）控制

执行过程中需要有效的控制，控制的手段是检查、监督和纠正偏差。控制的对象包括人员、预算、进度、信息等，涉及人力资源管理活动的各个方面。控制的目的在于保证规划的各项具体活动和工作顺利完成，并对规划本身进行有效的调整和修正，以改进和推动企业的人力资源管理。

（4）反馈

规划的实施情况和结果要及时地反馈到相关的人员和部门。反馈可以由实施者进行，也可以由控制者进行，抑或由两者共同进行。

2. 人力资源规划的评估

在实施人力资源规划的同时，要进行定期与不定期的评估与审核：①通过人力资源规划的评估和审核工作，可以对规划的执行者造成一定的压力，防止规划的实施流于形式；②在评估和审核过程中，可以广泛听取企业员工对人力资源管理工作的意见和建议，有利于人力资源规划内容的不断完善；③人力资源规划是一个长久持续的动态过程。依据企业内外因素的不断变化，对企业战略、人力资源战略以及人力资源规划及时进行评估和修改，从而适应变化了的环境。

评估内容从以下三个方面进行：①是否忠实执行了本规划；②人力资源规划本身是否合理；③将实施的结果与人力资源规划进行比较，通过发现规划与现实之间的差距来指导以后的人力资源规划活动。

人力资源规划的评估包括两层含义：一是指在实施的过程中，要随时根据内外部环境的变化来修正供给和需求的预测结果，并对平衡供需的措施作出调整；二是指要对预测的结果以及制订的措施进行评估，对预测的准确性和措施的有效性做出衡量，找出其中存在的问题以及有益的经验，为以后的规划提供借鉴和帮助。

三、人力资源需求、供给的预测与平衡

要保证人力资源规划的正确性，必须进行人力资源的预测。所谓预测，是指利用预测对象本身历史和现状的信息，采用科学的方法和手段，对预测对象尚未发生的未来发展演变规律预先作出科学的判断。信息的不确定性注定了预测的困难及其不完美性。

企业的人力资源预测是组织在评估和预测的基础上，对未来一定时期内人力资源状况的假设，这种假设有助于人力资源需求预测技术和人力资源供给预测技术，只有将两者结合起来，才能确定组织各类人员的需求和供给的实际情况，才能有效地进行人力资源规划。供需预测是一项技术性较强的工作，其准确程度直接决定了人力资源规划的效果和成败。因此，这一阶段的工作是整个人力资源规划中最为困难也最为关键的工作。

（一）人力资源需求的预测

1. 人力资源需求预测的含义

人力资源需求包括总量需求和个量需求，也包括数量、质量和结构等方面的需求。

人力资源需求预测是指对组织未来一段时间内所需人力资源的数量、质量和结构等进行的事先估计活动。

2. 影响人力资源需求预测的因素

企业的人力资源需求预测不仅受到企业内部经营状况和已有人力资源状况等诸多内部因素的影响，还受到政治、经济、文化、科技、教育等诸多不可控的企业外部因素的影响。

（1）社会因素

社会因素主要包括经济形势、产业结构、技术水平、政府政策、劳动力市场的供求情况、顾客需求。

（2）企业因素

企业自身的因素直接影响人力资源的个量需求。这些因素概括起来有以下五点：①财务资源。企业对人力资源的需求受到企业财务资源的约束，企业可以根据未来人力资源总成本来推算人力资源需求的最大量。②发展规划。企业的发展规划和未来的生产经营任务，对人力资源的数量、质量和结构提出了要求，企业目标任务和生产因素可能的变动会带来人力资源需求的变动。③工作负荷。员工的工作情况、定额和职位工作量等，都会对人力资源需求产生影响。④员工流动率。预期员工流动率，包括由辞退、解聘和退休引起的职位空缺，也会影响人力资源的需求。⑤生产规模。企业扩大经营领域或扩大生产规模或改变经营领域等，同样会引起人力资源需求的变化。

3. 人力资源需求预测的步骤

人力资源需求预测的步骤包括以下几个环节。

（1）现实人力资源预测

对于现实人力资源预测的步骤包括：根据职位分析的结果，确定职位编制和人员配置；进行人力资源盘点，统计人员的超编、缺编情况及是否符合任职资格条件；将上述统计结果与部门主管进行讨论，审视和修正统计结果。

（2）未来人力资源需求预测

对于未来人力资源需求预测的步骤包括：根据企业的发展规划，预测各部门的工作量；根据工作量的增长情况，确定各部门需要增加的职位数和任职人数，并进行统计汇总，从而得出未来的人力资源预测。

（3）未来流失人力资源需求预测

对于未来流失人力资源需求预测的步骤包括：对预测期内的退休人员进行统计；根据历史数据对未来可能的离职率进行预测；将统计和预测结果进行汇总，得出未来可能流失的人力资源需求。

（4）企业整体人力资源需求预测

将现实人力资源需求、未来人力资源需求和未来流失的人力资源需求的结果进行汇总，得出企业整体人力资源需求预测。

4. 人力资源需求预测的主要方法

人力资源需求预测的方法很多，概括起来有定性预测法和定量预测法两大类。定性预测法是由预测人员运用自身的智慧、经验和直觉进行预测和判断的方法；定量预测法是运用数学模型进行预测和判断的方法。

（1）定性预测法

第一，管理人员判断法。这是最为简单的一种方法，是由管理人员凭借自己以往工作的经验和直觉，对未来所需要的人力资源作出预测。这种方法主要是凭借经验来进行的，因此它主要用于短期的预测，并且适用于那些规模较小或者经营环境稳定、人员流动不大的企业；同时，在使用这种方法时，还要求管理人员必须具有丰富的经验，这样预测的结果才会比较准确。这种方法的第一步是企业组织要求下属各个部门、单位根据各自的生产任务、技术设备等变化的情况，对本单位将来对各种人员的需求进行预测，在此基础上，把下属各部门的预测数进行综合平衡，从中预测出整个组织将来某一时期内对各种人员的需求总数。

第二，德尔菲法。德尔菲法又名专家预测法，是20世纪40年代末在美国兰德公司的“思想库”中发展出来的一种主观预测方法。它是有步骤地使用专家的意见去解决问题，比较适合于长期预测。企业必须先设定预测的问题，并将之细分为不同的组成部分，再从有关方面收集相关的资料和不同的分析角度，然后通过中间人整合所有参与专家的意见。中间人将背景资料和问题，以问卷形式个别传递给参与的专家，再将专家所做出的预测整理后，分别传递给参与的专家，让他们作出新的预测，如此反复数次，直至专家的意见渐趋一致而得出结论。这种方式的特点是故意将专家分开以扩大预测的幅度。具体做法如下所述：①拟订主题，设计调查表，并附上背景资料。②选择与预测课题相关的专家。③寄发调查表，并在规定时间回收。④对第一轮调查进行综合整理，汇总成新的调查表，再寄发给专家征求意见。这样，专家在了解其他专家意见的基础上（匿名方式），做出新的判断。如此反复几轮（一般3 ~ 5轮），便可形成比较集中的意见，从而获得预测的结果。

德尔菲法的优点如下：①它吸取和综合了众多专家的意见，避免了个人预测的片面性；②它不采用集体讨论的方式，而且是匿名进行，也就是采取“背靠背”的方式来进行，这样就使专家们可以独立地做出判断，避免了从众的行为；③它采用多轮预测的方式，经过几轮的反复，专家们的意见趋于一致，具有较高的准确性。

运用德尔菲法时要注意提供充分的信息，使专家能够做出正确的判断。提出的问题应该是专家可以回答的问题，如果难度太大或无法给出足够信息，就不能使用德尔菲法，以免得出不正确的结论。在进行咨询之前，应由主管就有关事项向各位专家进行一次正式的说明，强调工作的重要性以及注意事项，以取得他们的合作。

（2）定量预测法

第一，劳动定额法。劳动定额法是对劳动者在单位时间内完成的工作量进行规定。它的具体操作办法是：企业（组织）依据以往的历史数据，先计算出某一工作在单位时间（如每天）内每人的劳动定额（如产量），再根据未来的生产量目标计算出要完成的总工作量，然后根据前一标准折算出所需要的人力资源数量。

第二，成本分析法。成本分析法主要是从成本的角度进行人力资源需求的预测，其公式为：

$$NHR=TB/[(S+BN+W+O)\times(1+a\%\times T)]$$

式中：NHR——未来一段时间内需要的人力资源数量。

TB——未来一段时间内需要的人力资源的预算总额。

S ——目前企业员工的平均工资。

BN——目前企业员工的平均奖金。

W ——目前企业的平均福利。

O ——目前企业员工的平均其他支出。

a% ——企业计划每个人力资源成本增加的百分数。

T ——未来一段时间的年限。

第三，比率分析法。比率分析法是通过特殊的关键因素和所需人员数量之间的一个比率来确定未来人力资源需求的方法。该方法主要是根据经验，将企业未来的业务活动水平转化为对人力资源的需要。该方法的主要步骤如下：①根据需要预测的人员类别选择关键因素。②根据历史数据，计算出关键因素与所需人员数量之间的比例。③预测未来关键因素的可能数值。④根据预测的关键因素数值和比例，计算未来需要的人员数量。

第四，回归分析法。回归分析法是研究自变量与因变量之间变动关系的一种数理统计方法，根据观测到的数据，通过回归分析得到回归方程，即得到自变量与因变量之间的关系式。回归分析预测法的关键是要建立一个科学的回归方程式，用以反映变量和变量之间的关系。根据这种回归方程式，就可以便捷地在了解一个或一系列变量的基础上预测出另外一个变量的数值。回归分析预测法可以有一元回归分析预测法和多元回归分析预测法之分：预测的回归方程式中只有一个自变量和一个因变量的，被称为一元回归分析预测法；有多个自变量和一个因变量的，被称为多元回归分析预测法。

一元线性回归分析法是根据企业或企业各部门过去的人事记录，找出过去若干年的员工数量的变动趋势，并绘制出趋势曲线，从而对未来企业整体或各部门的人员需求状况做出预测。这种方法比较简单，易于操作。但这种方法有效的前提是企业人力资源变动的趋势在过去和未来保持一致。实际上，影响人力资源需求的因素如技术、劳动生产率、销售量等是不断变化的，如果仍然采用原有的趋势曲线进行预测，显然难以保证结果的正确性。

（二）人力资源供给的预测

1. 人力资源供给预测的含义

人力资源的供给预测就是指对未来某一特定时期内能够供给组织的人力资源的数量、质量以及结构进行的估计。人力资源供给分为外部供给和内部供给两个方面。其中，外部供给是指外部劳动力市场对组织的人力资源供给，内部供给是指组织内部对未来企业人力资源的供给。

2. 人力资源供给预测

（1）外部供给分析

影响外部供给的因素有很多，如人口变动、经济发展状况、人员的教育文化水平、对专业技能的要求、政府政策以及社会失业率等。一般来说，主要有外部劳动力市场、人们的就业意识、企业的吸引力等。具体如下：①外部劳动力市场的状况。外部劳动力市场紧张，外部供给的数量就会减少；相反，外部劳动力市场宽松，外部供给的数量就会增多。②人们的就业意识。如果企业所在的行业是人们择业时的首选行业，那么人力资源的外部供给量自然就会多；反之就比较少。③企业的吸引力。如果企业对人们有吸引力，人们就愿意到这里来工作，这样企业的外部人力资源供给量就会比较多；反之，如果企业不具有吸引力，供给量就会比较少。

（2）内部供给分析

内部供给的分析主要是对组织现有人力资源的数量、质量的分析。具体的预测分析主要有以下几个方面：①人员数量的自然变化分析。它主要是对员工的年龄结构、性别以及员工身体状况进行分析。②人员流动状况的分析。人员流动主要包括由企业流出和人员在企业内部的流动两种，流动的原因是多方面的。③人员质量的分析。质量的变动主要表现为生产率的变化：生产效率提高，内部的人力资源供给相应就会增加；反之，生产效率降低，内部的人力资源供给则会减少。

3. 人力资源供给预测的步骤

（1）人力资源供给预测

组织内部人力资源供给预测的步骤包括以下内容：①人力资源盘点，了解企业员工现状。②分析企业的职位调整政策和员工调整历史数据，统计出员工调整的比例。③向各部门的人事决策人员了解可能出现的人事调整情况。④将上述情况汇总，得出企业内部人力资源供给预测。

（2）外部人力资源供给预测

组织外部人力资源供给预测的步骤包括以下内容。

第一，分析影响外部人力资源供给的地域性因素。具体包括：企业所在地的人力资源整体现状；企业所在地的有效人力资源的供求现状；企业所在地对人才的吸引程度；企业薪酬对所在地人才的吸引程度；企业能够提供的各种福利对当地人才的吸引程度；企业本身对人才的吸引程度。

第二，分析影响外部人力资源供给的全国性因素。具体包括：全国相关专业的大学生毕业人数及分配情况；国家在就业方面的法规和政策；该行业全国范围的人才供需状况；全国范围从业人员的薪酬水平和差异。

（3）整体人力资源供给预测

将企业内部人力资源供给预测和企业外部人力资源供给预测进行汇总，得出企业人力资源供给预测。

（4）确定人员“净需求”

根据人力资源供给预测的结果，结合人力资源需求预测的情况，测试出组织规划期内各类人力资源的余缺情况，从而得到“净需求”的数据。

4. 人力资源供给预测的方法

（1）内部人力资源供给预测的方法

第一，技能清单。技能清单是一个用来反映员工工作能力特征的列表，这些特征包括员工的培训背景、工作经历、持有的资格证书以及工作能力的评价等内容。技能清单是对员工竞争力的一个反映，可以用来帮助人力资源部门估计现有员工调换工作岗位可能性的大小，决定有哪些员工可以补充组织当前的空缺，帮助预测潜在的人力资源供给。由于员工的工作兴趣、发展目标、绩效水平是不断变化的，因此，在首次收集资料的基础上，应每年进行一定的更新和补充。

第二，管理人员替换法。管理人员替换法也称职位置换法。它通过对组织中各类管理人员的绩效考核及晋升可能性的分析，确定组织中各个关键职位的接替人选，然后评价接替人选目前的潜质，确定其职业发展的需要，考察其职业目标与组织目标的契合度，最终目的是确保组织未来有足够的、合格的管理人员。其典型步骤如下：首先，确定人力资源规划所涉及的工作职能范围。其次，确定每一个关键职位上的接替人选。再次，评价接替人选的工作情况以及是否达到晋升的要求。最后，接替人选的职业发展需要，并引导其将个人的职业目标与组织目标结合起来。

第三，人力资源“水池”模型。人力资源“水池”模型是在预测企业内部人员流动的基础上预测人力资源的内部供给的一种技术。该模型是从职位出发进行分析，预测的是未来某一时间现实的供给。这种方法一般要针对具体的部门、职位层次或职位类别来进行，它可以使用以下公式来预测每一层次职位的人员流动情况：

未来供给量＝现有人员的数量＋流入人员的数量－流出人员的数量

第四，马尔科夫模型。马尔科夫模型是用来预测等时间间隔点上（一般为一年）各类人员分布状况的一种动态预测技术，是用于内部人力资源供给预测的定量方法。该方法的基本思想是找出过去人力资源流动的比例，以此来预测未来人力资源供给的情况。

马尔科夫模型的基本假设：在给定的时间段内，各类人员都有规律地从低一级向高一级职位转移，转移率是一个固定的比例，或者根据组织职位转移变化的历史分析推算。

马尔科夫模型步骤如下：根据历史数据推算各类人员的转移率，列出转移率的转移矩阵；统计作为初始时刻点的各类人员分布状况；建立马尔科夫模型，预测未来各类人员供给状况。

（2）外部人力资源供给预测的方法

外部人力资源供给预测的方法主要有以下几种。

第一，文献法。外部人力资源预测一般是根据国家的统计数字或者有关权威机构的统计资料以及社会的总需求量来进行分析的。组织可以通过互联网以及国家和地区的统计部门、劳动和人事部门发布的一些统计数据，及时了解人才市场信息。组织也应该及时关注国家和地区有关政策和法律的变化情况。

第二，直接调查。组织可以就自身所关注的人力资源状况进行调查。除了与猎头公司、人才中介公司等专门机构建立并保持长期的、紧密的联系外，还可以与各类院校建立并保持合作关系，密切跟踪目标生源的情况，及时了解可能为组织提供的目标人才的情况。

第三，对应聘人员进行分析。组织可以对应聘人员和已经雇用的人员进行分析，从分析比较中得出未来人力资源供给的相关信息，如应聘人员的数量、来源、学历层次、专业背景以及职业目标等。

（三）人力资源供需的平衡

人力资源规划就是要根据企业人力资源供求预测结果制订相应的政策措施，使企业的人力资源供求实现平衡。因此，企业人力资源供求达到平衡（包括数量、质量和结构）是人力资源规划的目的。组织人力资源的供需失衡是一种必然现象，在组织的管理实践过程中，人力资源供需完全平衡是很少出现的，即使出现也是暂时的，不可能存在长期的均衡，这是由组织的动态性和复杂性决定的。例如，在企业发展的不同阶段，人力资源的状态是不同的。

人力资源供需失衡一般有 3 种不同的状态，对不同状态应采取不同的平衡方法。

1. 总量平衡，结构失衡

企业人力资源供求完全平衡这种情况极为少见，甚至不可能，即使是供求总量上达到平衡，也会在层次、结构上发生不平衡，具体可采取以下平衡措施：①进行人员内部的重新配置，包括晋升、调动、降职等，以弥补那些空缺的职位，满足这部分的人力资源需求。②对人员进行有针对性的专门培训，使他们能够从事有空缺职位的工作。③进行人员的置换，释放企业不需要的人员，补充企业需要的人员，以调整人员的结构。

2. 供小于求

当预测到人力资源在未来可能发生短缺时，企业要根据具体情况选择不同方案以避免短缺现象的发生。具体可采取以下措施：①从外部招聘人员，包括返聘退休人员、聘用临时工、小时工等。②提高现有员工的工作效率。③降低员工离职率，减少员工流失，进行内部调配。④将企业的某些业务外包。

需要注意的是，以上这些措施，虽然是解决组织人力资源短缺的有效途径，但最为有效的方法是通过科学的激励机制以及培训提高员工生产业务技能、改进工艺设计等方式，来调动员工积极性，提高劳动生产率，减少对人力资源的需求。

3. 供大于求

企业人力资源过剩是我国企业现在面临的主要问题，也是人力资源规划的难点问题。解决企业人力资源过剩的常用方法有以下几种：①扩大经营规模，或者开拓新的增长点。②永久性的裁员或辞退员工。③鼓励提前退休。④对富余员工进行培训，为企业扩大再生产准备人力资本。⑤缩短员工的工作时间，随之降低工资水平。⑥冻结招聘。

在制订平衡人力资源供求的政策措施过程中，不可能是单一的供大于求、供小于求，往往最容易出现的是某些部门人力资源供过于求，而另外几个部门可能供不应求，也许是高层次人员供不应求，而低层次人员供给却远远超过需求量。所以，企业应具体情况具体分析，制订相应的人力资源部门或业务规划，使各部门人力资源在数量、质量、结构、层次等方面达到协调平衡。

第四章　人力资源管理关键流程

第一节　职位分析与设计方法步骤及原则

一、职位分析概述

（一）职位分析的内涵及基本术语

1. 职位分析的内涵

职位分析是指将企业中所有的工作，按其性质（如任务的繁简难易程度、责任大小、所需要的资格条件等）进行分析比较，制订职位说明书等人事管理文件，并根据一定的标准和程序进行归类，以作为招聘、考核、培训、晋升、确定报酬的基本依据。或者说，职位分析是一种活动，它是分析者采用科学的手段与技术，直接收集、比较、综合有关工作的信息，为组织特定的发展战略、组织规划，为人力资源管理以及其他管理行为服务的一种管理活动。

职位分析涉及两个方面的工作：一是工作描述部分研究，这部分主要是对职位所承担的职责、工作任务、工作考核标准、工作关系以及任职权限、工作环境等进行分析研究；二是工作规范部分研究，即任职资格的研究，研究胜任该项工作应该具备的基本经验、学历、知识技能、职业倾向、性格爱好等。

2. 职位分析的术语

在职位分析中通常用到一些术语，这些术语的含义经常被人们所混淆，因此，准确理解并掌握这些术语对进行科学、有效的职位分析是十分必要的。

（1）工作要素

工作要素是指工作中不能继续分解的最小动作单元。例如，速记人员速记时，正确书写各种速记符号；木工锯木前，从工具箱中拿出一把锯子。

（2）任务

任务是需要做的事情，是为了实现某一特定目标而进行的一系列相关的活动或者工作要素。例如，打字员为了将一份文件打印成正规的文件，需要打开计算机、输入文字、排版、从打印机输出文件，打字员完成这一系列活动后就可以完成任务要求。对于企业而言，任务就是企业需要做的事情，或者说应该从事的各项活动，如生产、销售、财务和人事管理都是企业需要做的事情，这些事情就构成了企业的任务。

（3）职责

职责是指任职者为履行一定的组织职能或完成工作使命，所负责的范围和承担的一系列工作任务，以及完成这些工作任务所需承担的相应责任。例如，市场调研员的职责是设计、发放、解释说明、回收、分析、整理调查表，以及撰写调查报告等多项任务。又如，接待员处理信件是职责之一，回答日常询问也是职责之一。

（4）岗位

岗位是在一定的时间内，企业中由特定人员所承担的一项或多项职责的集合。一般岗位与工作人员一一对应。

（5）职系

职系是指工作性质充分相似，但职责繁简、轻重大小以及所需的资格条件不同的所有职位的集合。对于企业而言，职系就是企业需要做的不同种类的工作。例如，一个生产型企业应当从事生产、技术、销售和财务管理等活动，这些活动就构成了不同的职系，不同职系的任务将由不同的组织机构完成，如生产部门负责生产管理、人力资源部门负责人力资源管理。

（二）职位分析的基本原则

1. 标准化原则

标准化是职位分析的基本原则，职位分析的方法选择、专业人员培训、分析流程、分析指标以及因素等方面均要求标准统一，最终的职位说明书也要求格式标准化。

2. 系统原则

企业在职位分析研究过程中应该利用系统论的理论，将每一个职位放置在整个企业的组织架构系统中进行分析研究，在企业发展战略已经确定的基础上，构建组织结构，分解组织部门功能，在职能分解的基础上进行职位设置和职位分析。

3. 最优化原则

最优化原则不仅是指职位分析的方法、程序、流程、因素以及指标最优化，而且要求通过职位分析，使职位设置、职位职责分配最优化，最终实现企业资源的最优化配置。①

4. 客观公正性原则

客观公正性是指企业在职位分析的初期，在进行信息收集时要保持客观公正性，必须公正地收集各类信息，必须保证信息的完整和准确。企业的人力资源管理者必须进行深入、细致的调查研究，而不能凭空想象。

5. 高效科学性原则

高效科学性是指方法处理要高效、科学。在进行职位分析时，企业的人力资源管理者要根据科学的原则和方法进行，要抓住事物的本质特征，同时还要注重效率。

6. 方便实用性原则

进行职位分析的最终目的是将其应用于人力资源管理中的各个方面，因此其方便实用性非常重要。这就要求企业的人力资源管理者在进行职位分析计划时要根据实际运用的需要，确定工作步骤、程序及处理方式。

（三）职位分析的内容

在职位分析的诸多研究对象中，主要的分析内容包括工作职责分析、工作流程分析、工作权限分析、工作关系分析、工作环境条件分析、任职资格条件分析等。

一般企业职位分析从“6W1H”展开进行系统研究，即 Who（责任者）、What（工作内容）、When（工作时间）、Where（工作岗位）、Whom（为了谁）、Why（为什么这样做）、How（如何操作）。职位分析形成的结果是工作说明（工作描述）、工作规范（任职资格说明）。

1. 工作职责分析

工作职责分析不仅包括工作任务范围的分析，还包括对工作职责重要程度的分析。分析的内容有：资金、设备、仪器、工具、材料的使用与保管；完成任务的数量、质量；市场开发、产品设计；监督管理他人以及被监督管理等。

---

① 刘海，王晓钰，王政为，等.基于 Hadoop 的大数据职位分析系统的设计与实现 [J]. 信息与电脑（理论版），2022，34（1）：110-112.

2. 工作流程分析

工作流程是指为达到特定目标，一系列相互关联、有序进行的活动或任务的集合或执行过程。企业人力资源管理人员必须明确各工作岗位完成其工作任务的流程，因为清晰的流程有助于管理者清楚地认识到工作是如何完成的、为了实现所设定的目标需要完成哪些任务以及如何提高企业或部门的工作效率。

3. 工作权限分析

工作权限分析是指根据工作所需完成的任务，依据权责对等原则，对任职者的权限进行分析的过程。若任职者权大于责，可能造成滥用职权；若权小于责，则可能无法顺利指挥。这两种情况都应尽量避免发生。

4. 工作关系分析

企业中各个岗位都具有其独特的职责和功能，但各个工作岗位彼此间存在一种不可分割的联系，因此必须明确各个岗位之间的协作关系。通过工作关系分析，我们可以了解到本岗位在企业中的地位以及在运作流程中所起的作用。

5. 工作环境条件分析

工作环境条件是指员工从事劳动生产时的环境条件。对工作环境条件的分析主要考虑到工作环境中对劳动者的劳动生产率和身心健康有影响的因素。通过对工作环境各种有害因素的测定和分级，企业可以确定岗位工作环境条件对劳动者的劳动生产率和健康的影响程度。

6. 任职资格条件分析

任职资格条件一般主要包括经验、技能、教育、培训、心理及生理因素等。社会发展越来越快，分工越来越细，致使人们所掌握的知识、技能越来越受到工作经验的局限，工作经验越来越受重视。因此，在任职资格条件分析中，除了受教育程度分析之外，对工作经验的分析也是非常重要的一部分。

（四）企业开展职位分析的意义

职位分析是企业人力资源管理工作的基础，企业人力资源管理的其他职能和活动都有赖于职位分析的顺利开展。企业开展职位分析的意义主要体现在以下几个方面。

1. 使工作职责更为明确

职位分析可以让企业的管理者和员工清晰地了解工作岗位的职责范围以及需

要完成的工作任务及评价标准等。它还可以对企业的工作流程和工作方法进行界定，对完成岗位工作需要接触的人员及接触的目的、频率进行界定，有助于企业的管理者和员工对工作形成全面的认识。通过职位分析能够确保企业的多种工作之间的相互协调和配合，共同完成企业的工作任务，实现工作目标。

2. 提升企业人力资源规划的准确性和有效性

任何一个组织在发展过程中必然会遇到因为环境变化、组织目标改变而引起的业务、组织结构或者人员数量的变化。在所有这些变化中，为了保证企业在适当的时候有足够且合适的员工来完成组织的任务，就必须通过有组织、有计划的人力资源规划来预测企业在未来某一时间点上所需要的人员数量、种类和要求，以及企业在该时间点上能从内部来满足人力资源供给，从而满足企业对人力资源的需求。在企业人力资源规划过程中，需要获得企业关于各种工作对于人员数量和质量的要求，这类工作必须通过职位分析来完成。

3. 使企业的职位设计更为合理

理想的职位设计既要保证较高的工作效率，也要调动员工的工作积极性。为了提升企业员工对工作的兴趣及满意度，应该根据员工或工作岗位的需要对企业的职位设计进行改进与完善。主要的方法包括工作丰富化、工作轮换、弹性工作制、工作专业化、工作团队压缩工作周、工作分享制、应急工作制和远程办公等。在进行企业的职位设计过程中，需要对企业工作岗位的相互联系方式、各岗位所需的工作技能以及企业工作流程等多方面的因素进行分析和比对，以期寻找其内在的联系与运行规律。在提高企业员工工作积极性和满意度的同时，有效提高工作效率。

4. 为企业招聘活动提供有效的工作信息

企业在开展招聘活动时需要对拟招聘岗位的职责和内容进行准确界定，也需要明确任职资格和要求。企业应该为应聘者提供有关工作职责、工作环境、工作要求的真实信息；而应聘者也能根据明确的岗位职责和工作任务的要求选择最有利于自己发展的工作岗位应聘，从而节约招聘成本。

5. 为企业绩效管理提供客观的评价标准

职位分析通过对企业在不同时期、不同背景下的现实情况进行分析，确定企业各个工作岗位的应有标准，为员工绩效管理提供业绩评定标准，为企业员工工作指明方向，有利于企业绩效管理的公平、公正、公开。

6. 使企业员工培训更为有效

为了实现员工培训的有效性和低成本目标，企业员工培训工作的内容、方法必须与工作任务的内容、岗位所需要的工作能力和操作技能相关。通过职位分析，企业可以准确了解员工的培训需求，从而有效控制培训成本。

二、职位分析的方法步骤

（一）职位分析的方法

职位分析作为组织人力资源管理的一项基础工具，在百余年的研究和管理实践中，在理论和实践方面都取得了相当大的进展，形成了较为成熟的方法体系。根据职位分析方法的目标导向、适用对象以及操作要点等的差异，我们将其总结为以下四类。

1. 通用职位分析方法

通用职位信息收集方法是国内企业在职位分析过程中常见的收集职位信息的方法，通常具有灵活性强、易操作、适用范围广等显著优势，但也存在结构化程度低、缺乏稳定性等缺点。这类职位分析方法主要有问卷法、访谈法、工作日志法、观察法、文献分析法、SME 会议法等。

2. 以人为基础的系统性职位分析方法

系统性职位分析方法指职位分析方法从实施过程、问卷量表使用、结果表达运用方面都体现出高度结构化的特征，通过量化的方式刻画职位特征的职位分析方法。

以人为基础的职位分析方法是从任职者行为的角度描述职位，侧重于任职者在履行工作职责时所需的知识、技术、能力以及其他行为特征。在实践中运用较多的以人为基础的系统性职位分析方法主要有工作元素分析法、职位分析问卷法、管理职位分析问卷法、基础特质分析系统、能力需求量表法、工作诊断调查法、工作成分清单法。

3. 以工作为基础的系统性职位分析方法

以工作为基础的职位分析方法是指从职位角度出发，侧重描述完成其组成元素——工作任务、所需的活动、绩效标准以及相关任职条件（KSAOs）等，该方法的关注点是准确、详尽地描述履行工作任务的前期投入、中期过程和后期产出。在实践中主要有以下几种以工作为基础的职位分析系统：功能性职位分析法、关键事件法、工作—任务清单分析法、管理及专业职位功能清单法。

4. 传统工业企业职位分析方法

传统工业企业职位分析法是在科学管理之父——泰罗和吉尔布雷斯夫妇针对操作性职位所做的时间动作研究的基础上，进行完善开发的职位分析方法，适用于对重复性的、规律性的操作性职位进行活动分析。主要的分析方法包括时间研究法、动作研究法、工作样本法、工作负荷分析及人事规划法、电脑模拟职位分析法等。

（二）企业职位分析的基本步骤

企业职位分析的基本流程主要包括准备阶段、实施阶段、结果形成阶段、应用修订阶段。其中，职位分析的准备阶段又可以细分为确定职位分析目标和侧重点，制订总体实施方案、收集和分析有关的背景资料、确定欲收集的信息及收集信息的方法、组织及人员方面的准备；职位分析的实施阶段又可以细分为与有关人员的沟通、制订实施计划、实际收集和分析工作信息；职位分析的结果形成阶段还可细分为与有关人员审查和确认信息、形成职位说明书；职位分析的应用修订阶段还可以细分为职位说明书的培训与使用、职位说明书的反馈与修订。

1. 职位分析的准备阶段

（1）确定职位分析的目标和侧重点

要想使职位分析顺利进行，首先必须明确进行此次职位分析的目的，也就是进行职位分析所要解决的问题是什么，获取职位分析信息的用途是什么。职位分析的目的之所以如此重要，是因为职位分析的不同目的决定了收集信息时的侧重点不同。如果分析的目的是解决空缺职位的招聘问题，那么职位分析的重点就是该职位的工作职责和任职者的规范要求等；如果职位分析的目的是确定绩效管理的考核标准，那么其侧重点就应该是衡量每一项工作的任务标准，并在完成每一项工作任务的时间、数量、质量、效率等方面予以明确。

（2）制订总体实施方案

在职位分析的目标确定以后就要制订总体实施方案。一般的总体实施方案包括以下内容：职位分析的目的及意义；职位分析需要收集的信息内容；职位分析所提供的结果；职位分析项目的组织形式及实施者；职位分析实施的过程与步骤；职位分析实施的时间和活动安排；所需要的背景资料及配合工作等。

（3）收集和分析有关的背景资料

在职位分析中，有些资料的收集是非常必要的。例如，国家职业分类标准或国际职业分类标准；所研究组织的组织机构图、工作流程图、部门职能说明等。

（4）确定欲收集的信息及收集信息的方法

到本阶段已经收集到了关于工作的一些基本信息，但至于更为详细的信息就需要实地去收集。在收集信息中一般要注意以下几个方面：根据职位分析的目的确定收集哪些信息；根据对现有资料的掌握，找出需要重点调研的信息；按照 6W1H 的内容进行考虑，看在哪一方面需要收集信息。

至于收集方法的选择，没有一个统一的标准，因为每一种工作信息收集的方法都有其独特之处，也都有其优点和缺点，各自适应的环境及条件也各不相同，因此不存在一种普遍适用的方法。在职位分析时，必须根据具体的分析目的、具体的企业情况选择一种或几种方法。只有这样，才能取得良好的效果。

（5）组织及人员方面的准备

在组织及人员准备方面：一是成立职位分析的专门组织——职位分析小组。此小组中主要包括企业的高层管理者、人力资源部经理、专业咨询顾问、主要的部门经理等人员。二是注意获取高层管理者的支持。没有高层管理者的大力支持，通常无法有效地实现职位分析的最初目标。

2. 职位分析的实施阶段

（1）与有关人员的沟通

职位分析涉及每一个具体的岗位，这项工作进行中要同大量的任职者发生关系，因此得到他们的理解与支持是非常重要的。沟通的意义在于：可使有关人员充分了解职位分析的目的及意义；让参与职位分析的人员了解职位分析所需要的时间及进度，可能用到的职位分析方法等。

（2）制订实施计划

在工作准备阶段粗略实施计划的前提下，细化出具体的时间表，并明确在每一个时间段内每个参与人的具体职责及所完成的具体任务等。

（3）实际收集和分析工作信息

这一阶段是整个职位分析过程的核心阶段。在这一阶段主要是按照事先确定的职位分析计划及工作信息分析，根据既定的操作程序收集与工作有关的信息，并对信息进行描述、分类、整理、转换和组织，最终成为含有工作描述和工作规范的职位说明书。

3. 职位分析的结果形成阶段

职位分析的结果通常是形成每个职位的职位说明书。在结果形成阶段，需要对收集上来的信息做进一步的审查与核实。

（1）由有关人员审查和确认信息

通过各种方法收集的工作信息，须经任职者、任职者上级主管审查、核实及确认。这样，一方面可以修正初步收集信息的不妥之处，从而使信息更加完善；另一方面，由于任职者和其上级主管是主要职位分析结果的使用者，请他们来审查有助于他们对分析结果的理解与认可。

（2）形成职位说明书

职位说明书是对工作目的、职责、任务、权限、任职者等基本条件的书面描述。相关人员通过对书面材料、现场观察与基层管理者及任职人员的谈话中获得的信息进行分析、归类，最终写出综合性的工作说明和工作规范。这一阶段的工作相当繁杂，需要大量的时间对材料进行分析和研究，必要时还需要用到适当的分析工具与手段。此外，职务分析者在遇到问题时，还需随时得到基层管理者的帮助。

4. 职位分析的应用修订阶段

（1）职位说明书的培训与使用

职位说明书完成以后，还需要对使用职位说明书的人进行培训：一方面要让职位说明书使用者了解职位说明书的意义和各个部分的内容，另一方面要让使用者了解如何使用职位说明书。

（2）职位说明书的反馈与修订

职位说明书的使用并不是一劳永逸的，因为随着组织环境条件的变化，一些任务会消失，同时也可能产生一些新的任务，工作的流程、性质、内涵和外延都有可能发生变化。因此，要经常对职位说明书进行反馈与修订，不断修改与完善，以适应组织的需要。

三、职位设计原则

（一）明确任务目标原则

职位的设定从根本上说是为了实现企业的某种特定任务和目标服务的。因此，在设计职位时，首要原则便是要清晰地界定企业的总体目标，这是整个职位设计工作的出发点和落脚点。企业的总体目标通常涵盖战略发展方向、市场竞争地位、财务状况改善、客户满意度提升等多个维度。基于这些总体目标，进一步细化并确定每个职位的具体目标，以确保每个岗位的工作都能直接或间接地服务于企业的整体战略。这不仅有助于提升组织的执行力，还能确保每位员工都能明确自己的工作价值和贡献所在，从而激发其工作热情和责任感。

（二）合理分工协作原则

以科学分工为基础设计的职位，能够充分发挥员工的专业特长，提升专业技能的内在含量，这是实现高效工作的关键。合理的分工意味着根据工作的性质、难易程度以及员工的能力特长进行合理分配，使每个员工都能在最适合自己的岗位上发光发热。同时，合理的分工也有助于明确任务和责任边界，减少工作重叠和推诿现象，从而促进团队协作，增强团队凝聚力。一个高效协作的团队，能够迅速响应市场变化，共同解决复杂问题，推动企业持续健康发展。

（三）因事设岗原则

岗位是客观存在的，其设立应以实际的工作任务和事务为中心，而非基于个人喜好或关系网络。这意味着在设计职位时，应首先分析企业的业务流程、工作需求以及未来的发展趋势，然后据此设定岗位，确保每个岗位都有其存在的必要性和合理性。避免因人设事、因人设岗的做法，可以有效避免资源浪费和效率低下的问题，同时也有助于构建公平、公正的工作环境，让真正有能力、有贡献的员工得到应有的认可和回报。

（四）灵活性原则

随着组织的不断发展和外部环境的快速变化，企业的业务需求和运营模式也会随之调整。因此，职位设计需要具备高度的灵活性，能够根据实际需要随时对职位进行重新设定和调整。这包括调整岗位职责、工作内容、绩效指标等，以适应新的业务需求和市场环境。灵活性的职位设计不仅能够提升组织的适应能力和竞争力，还能为员工提供更多的发展机会和空间，激发其创新思维，提升其应变能力。

（五）公平性原则

在职位设计中，公平性是一个至关重要的原则。它要求在设计职位时，必须避免任何形式的隐性歧视和不合理的差别对待，确保每位员工都能在平等的基础上参与竞争和发展。为了实现这一点，每个职位都应设定明确、客观的工作标准和绩效指标，以便对员工的工作表现进行公正评价。同时，在晋升、薪酬、培训等方面也应遵循公平原则，为员工提供平等的机会和资源，营造积极向上的工作氛围。

（六）激励性原则

职位设计不仅要满足企业的业务需求，还要能够激励员工的积极性和创造力。为此，每个职位都应具有一定的发展潜力和晋升机会，为员工提供明确的晋升路径和培训机会。通过设定具有挑战性的工作目标和绩效指标，激发员工的进取心和成就感；通过提供多样化的培训和发展资源，帮助员工不断提升自己的专业技能和综合素质。这样的职位设计不仅能够留住优秀人才，还能吸引更多有志之士加入企业，共同推动企业实现更高水平的发展。

四、职位设计方法

（一）工作专业化

工作专业化基本都遵循亚当·斯密和弗雷德里克·泰勒的研究思路与指导思想，管理者都设法将组织的职位设计得尽可能简单，它通过动作研究和时间研究，将工作分解为若干很小的单一化、标准化及专业化的操作内容与操作程序，并对员工进行培训和适当的激励，以达到提高生产效率的目的。工作专业化设计方法的核心是充分体现效率的要求。

工作专业化的特点是：①由于将工作分解为许多简单的高度专业化的操作单元，可以最大限度地提高员工的操作效率。②由于对员工的技术要求低，既可以利用廉价的劳动力，也可以节省培训费用，同时有利于员工在不同岗位之间的轮换。③由于具有标准化的工序和操作规程，便于管理部门对员工生产数量和质量方面进行控制，保证生产均衡和工作任务的完成，而不考虑员工对这种方法的反应。因此，工作专业化所带来的高效率有可能被员工的不满和厌烦情绪所造成的旷工或辞职所抵消。

如今，工作专业化原则依然指导着工作实践。例如生产线上的装配工人仍然从事着简单、重复的工作，甚至医护人员、会计、出纳等其他职业人员，他们当中很多人都只是从事专业比较狭窄的工作。

企业在实行工作专业化时，应遵循下列五条原则：①增加工作要求。应该以增加责任和提高难度的方式改变工作。②赋予员工更多的责任，在经理保留最终决策权的条件下，应该让员工拥有对工作更多的支配权。③赋予员工工作自主权。在一定的限制范围内，应该允许员工自主安排他们的工作进度。④反馈。将有关工作业绩的报告定期地、及时地直接反馈给员工，而不是反馈给他们的上司。⑤培训。应该创造有利环境来为员工提供学习机会，以满足他们个人发展的需要。

（二）工作轮换

工作轮换是为减轻对工作的厌烦感而把员工从一个岗位换到另一个岗位。这样做有以下四个好处：①使员工比日复一日地重复同样的工作更能对工作保持兴趣。②为员工提供一个个人行为适应总体工作流程的前景。③个人增加了对自己最终成果的认识。④使员工从原先只能做一项工作的专业人员转变为能做许多工作的多面手。

这种方法并不改变职位设计本身，而只是使员工定期从一个工作岗位转到另一个工作岗位。这样可使员工具有更强的适应能力，员工到一个新的工作岗位，通常具有新鲜感，能激励员工做出更大的努力。日本的企业广泛实行工作轮换，对于培养管理人员发挥了很大的作用。

当然，工作轮换也有其不足之处，具体如下：①对不愿意进行轮岗的员工的工作积极性是一种打击，这些人可能更喜欢在选定的专业中寻找更具挑战性的责任，而不是更换岗位。②将一名员工从原来的岗位轮换到另外一个岗位中需要进行新的培训，这样不仅会增加培训费用，而且会导致员工的工作绩效下降。③工作轮换会导致员工旷工或事故增加。数据表明，对于非自愿进行工作轮换的员工，可能会导致其旷工或事故增加。

（三）工作扩大化

工作扩大化是使员工有更多的工作可做。通常这种新工作同员工原先所做的工作非常相似。这种职位设计促成高效率，是因为不必要把产品从一个人手中传给另一个人手中而节约时间。此外，由于员工完成的是整个产品，而不是在一个大件上单单从事某一项工作，这样员工在心理上也可以得到安慰。该方法是通过增加某一工作的工作内容，使员工的工作内容增加，要求员工掌握更多的知识和技能，从而提高员工的工作兴趣。

工作扩大化的途径主要有两个:“纵向工作装载”和“横向工作装载”。“装载”是指将某种任务和要求纳入工作职位的结构。“纵向工作装载”是指增加需要更多责任、更多权利、更多裁量权或更多自主权的任务或职责;“横向工作装载”是指增加属于同阶层责任的工作内容，增加目前包含在工作职位中的权力。

（四）工作丰富化

工作丰富化是以员工为中心的工作再设计，它是一个将企业的使命与员工对工作的满意度联系起来的概念。它的理论基础是赫兹伯格的双因素理论。它鼓励员工参加对其工作的再设计，这对组织和员工都有益。职位设计中，员工可以提出对工作进行某种改变的建议，以使他们的工作更让人满意，但是他们必须说明这些改变是如何更有利于实现整体目标的。企业运用这一方法，可使每个员工的贡献都得到认可，而与此同时，也强调了组织使命的有效完成。

工作丰富化与工作扩大化的根本区别在于，后者是扩大工作的范围，而前者是工作的深化，以改变工作的内容。工作丰富化的核心是体现激励因素的作用，因此实现工作丰富化的条件包括以下几个方面。

1. 增加员工责任

不仅要增加员工生产的责任，还要提高其控制产品质量，保持生产的计划性、连续性及节奏性的责任，使员工感到自己有责任认真完成整个工作流程的每一道工序，同时，增加员工责任意味着降低管理控制成本。

2. 赋予员工一定的工作自主权和自由度

给员工充分表现自己的机会，当员工感到自己所从事工作的每道工序都与其个人职责息息相关时，工作对员工就有了重要的意义。要想达到这一良好工作心理状态，主要方法就是给予员工一定的工作自主权。同时，工作自主权的大小也是人们选择职业的一个重要考虑因素。

3. 反馈

将有关员工工作绩效的数据及时地反馈给员工。了解工作绩效是形成工作满足感的重要因素，如果一个员工看不到自己的劳动成果，就很难产生高层次的满足感。反馈可以来自工作本身，也可以来自管理者、同事或顾客等。例如，销售人员可以从生产管理人员和设备操作人员那里得到反馈。

4. 考核

报酬与奖励取决于员工实现工作目标的程度，因此离不开考核。

5. 培训

企业要为员工提供学习的机会，以满足员工成长和发展的需要。

6. 成就

企业要通过提高员工的责任心和决策的自主权，提高其工作的成就感。工作丰富化的职位设计方法与常规性、单一性的职位设计方法相比，虽然要增加一定的培训费用、更高的工资以及完善或扩充工作设施的费用，但提高了对员工的激励和工作满意度，进而提高了员工生产效率与产品质量、有效降低了员工离职率和缺勤率。况且企业培训费用的支出本身，就是对提高人力资源素质的一种不可缺少的投资。

如果一个管理者希望通过增加工作的多样性、完整性、重要性、自主性、反馈性以丰富工作的内容,那么他可以采取以下五个步骤：①确定自然的工作单元。这意味着尽可能让集体工作构成一个完整和有意义的整体。工作单元可以根据地理位置产品或生产线、业务或顾客来划分。②合并任务。即尽可能把独立的和不同的工作合成一个整体。③建立和顾客之间的联系。这意味着使生产者与产品的使用者（其他生产部门、顾客、销售团体等）相联系。这样可以让生产者知道产品被判断的标准。④直接分派任务。即尽可能地给生产者计划、参与、控制自己工作的权力。这样，不需要经过其他部门的专门培训，生产者的控制能力就会获得提高。这种控制能力也意味着给生产者计划工作、控制存货、预算资金和质量控制的权责。⑤公开信息反馈渠道。这意味着尽可能给生产者更多的有关生产结果的信息，如成本、产量、质量、组织结构、消费者的抱怨等。

（五）弹性工作制

每周工作一定的时数，限定范围内自由变动，将一天划分为共同工作时间（5 ~ 6 小时）和环绕两头的弹性时间，称为弹性工作制。

弹性工作制是指在完成规定的工作任务或固定的工作时间长度的前提下，员工可以灵活地、自主地选择工作的具体时间，以代替统一、固定的上下班时间的制度。一般由于现代生活的节奏越来越快，固定、死板的上下班时间越来越受到挑战。在职位设计尝试过程中，我们发现灵活的工作方式不仅可以帮助员工调整最适合自己的工作时间，以保证有充足的时间和充沛的精力来缓解压力，同时可使员工有旺盛的精力投入工作任务当中，唤起他们工作的激情和创造性，此外还可以在一定程度上缓解由于同一时点上下班而带来的城市交通压力。

弹性工作制明显的优点是：可以很好地提高员工的工作士气、降低缺勤率，提高员工工作满意度。该工作方式的缺点是：在工作时间之外，无法进行工作指导、轮班混乱等。弹性工作制不适用于某些职位，如营业员、办公室接待员、装配线上的操作工人等；与其他人有关联的工作或职位特征是必须准时就位的，如急诊医生、教师等职位。

（六）工作分享制

工作分享制是指通过缩短劳动时间、共同分享工作，保证大家都有工作可干，以达到稳定就业目的的制度。员工工作分享，通常是每周工作 3 天，用一天时间进行面对面的讨论。他们的工资通常是正常薪资的 3/5。工作分享制可以增加就业岗位，减少或避免解雇员工，通过缩短员工的平均工作时间，保持员工就业岗位，而不是把在职的员工变为领取失业保险金的失业者。采用工作分享制的企业主要集中在法律业、广告业，以及金融、保险、信托等金融服务领域。

第二节　招聘与选拔的渠道、方法及流程

一、招聘与选拔的渠道

员工招聘是企业运作过程中的一项经常性的工作。一般而言，企业的主要招聘渠道有两个：一个是外部招聘，另一个是内部招聘。

（一）内部渠道

1. 内部人力资源数据库资源盘点

在企业人力资源部门，一般都会建立员工个人档案，对员工的个人信息进行动态化和规范化的管理，企业从中可以了解到员工在教育、培训、经验、技能、

绩效等方面的信息，借助这些信息，企业高层和人力资源管理部门可以很快确定空缺职位需要的人选。随着计算机和网络技术的发展，员工档案可作为人力资源信息系统的一部分，通过筛选匹配合格人选。需要注意的是，档案资料的信息只有真实可靠，全面详细，及时更新，才能保证挑选人员的质量，通过数据库，员工的内部机会就会显现出来。

2. 内部晋升

内部晋升即给予员工升职的机会，员工通过企业发布的职位公告获取信息，以竞聘等方式获得晋升机会，内部晋升为员工提供了具体的职业生涯规划路径，可有效地激励员工，同时，对于招聘工作而言，则省时、省力、省费用。

3. 内部推荐

该来源途径主要由本企业员工根据企业的需要推荐其熟悉的合适人员，供用人部门和人力资源部门进行选择和考核。该熟悉的人员可来自企业内部也可来自企业外部，如主管推荐法，即管理者推荐自己部门的下属，则推荐来源于企业内部；如员工推荐企业外的亲属或朋友，则推荐来源于企业外部。由于推荐人对用人单位及被推荐者的情况都比较了解，因而被推荐者更容易获得企业与岗位的信息，也使企业更容易了解被推荐者，双方决策风险较低，因而这种方法较为有效，成功的概率较大。目前很多企业都确立了员工推荐激励计划，比如员工成功推荐一个人入职，则给予该员工推荐奖励，多荐多得。

4. 人员重聘

组织经常将已离职、退休、下岗待业人员等重新召回组织工作，这些人员中某些人可能恰好是组织内部空缺需要的人员，由于他们对组织比较了解，组织可以对这些人员进行重聘，这样可以减少相关的培训费用。

（二）外部渠道

1. 人才服务机构

人才服务机构建有人才资料库，用人单位可以方便地在资料库中查询条件基本相符的人员资料。这种渠道有针对性强、费用低廉等优点。但是，相关人员资料很难做到及时、有效的更新，例如很多人员的联系电话已经失效等。这一渠道对于招聘热门人才或高级人才效果不太理想。

2. 现场招聘会

人才市场、各大院校等每年都要举办多场人才招聘会，企业和应聘者可以直接进行交流。例如，东北师范大学每年都会联合沈阳师范大学等整个东北的师范类院校举办大型的招聘会。随着人才交流市场的日益完善，招聘会呈现出向专业方向发展的趋势，比如有金融人才专场招聘会，以及刚才提到的师范类院校招聘会等。但是，企业想通过这一渠道招聘高级人才是较为困难的。

3. 传统媒体招聘

在传统媒体刊登招聘广告，不仅可以减少招聘的工作量，还能吸引更多的应聘者，广告刊登后，企业人力资源部门只需等待应聘者上门即可。但是报纸、杂志、广播、电视等传统媒体的区域性、受众有很大不同，所以企业应根据职位的要求、种类、数量来选择合理、经济的媒体。

4. 网络招聘

随着网络的普及和计算机技术的发展，利用网络进行招聘已经越来越广泛地被企业所采用。这种方法传递信息快捷而准确，影响范围又十分广泛，且费用低廉，不受其他因素的影响。网络招聘可通过企业网站、专业招聘网站、社交招聘途径发布招聘信息，利用网络招聘具有覆盖面广、效率高、时效性强、成本低、针对性强等优势；同时，网络招聘也存在信息真实度低、应用范围狭窄与基础环境薄弱、技术服务体系不完善、信息处理量及难度大和招聘成功率低等问题。

5. 校园专场招聘

由企业单位的招聘人员直接到学校进行招聘，有些企业为了充分展示企业的实力，吸引优秀毕业生，会在学校进行宣传并举办专场招聘会。校园招聘在企业、政府、学校三方的推动下，每年都会举办人才供需洽谈会，供需双方直接见面，双向选择。此外，企业还可以委托高校的定向培养、委托培养、邀请学生到企业实习并选拔留用以及企业在学校设立奖学金并在获得者中选拔录用等方式，从学校获得所需要的人才。校园招聘的优点：学校人才比较集中，企业能够招到相当数量的合格申请人；招聘录用的手续也比较简单；学生的热情高，可塑性强。但校园招聘周期长，包括宣传周期、人员录用周期（学生从在校期间应聘到毕业上岗往往需要半年的时间）、人员开发周期等。

6. 人才猎取

对企业作用大的高端人才，通过人才猎取的方式可能会更加有效。人才猎取需要付出较高的招聘成本，一般委托猎头公司的专业人员来进行。雇主要提供详细的员工要求，以实现有的放矢，同时委托方和被委托方要注意鉴别人才。

二、招聘与选拔的方法

在人员招聘与选拔的过程中，通常笔试、面试、心理测试和评价中心技术等是比较常用的招聘甄选方法。

（一）笔试

笔试是一种书面考试形式，应聘者针对甄选测试题进行书面作答的静态测评方式，用以考核应聘者特定的知识、专业技术水平和文字运用能力。这种方法可以有效地考量应聘者的基本知识、专业知识、管理知识、综合分析能力和文字表达能力等素质及能力的差异。

笔试的优点是测量面广、评分相对客观公正、经济高效；其局限性在于互动单一，情境性差，难以考察应聘者的组织能力、口头表达能力、操作技能等素质和能力。因此，通常笔试往往用于应聘者初试，成绩合格者方能继续参加面试或下一轮测试，在应聘者众多时，可以大幅减轻筛选工作量。

（二）面试

面试是企业经过精心设计，在特定场景下，与应聘者双方进行面对面的沟通，以观察为主要手段，由表及里测评应聘者的知识、能力、经验等有关素质的一种考试活动。①

1. 面试方法分类

按照不同的标准，面试可以分为不同的类型。

（1）根据面试的结构化程度

根据面试的结构化程度，可分为结构化面试、半结构化面试和非结构化面试等三种。

结构化面试是指面试题目、面试实施程序、面试评价、考官构成等方面都有统一明确的规范进行的面试。正规的面试一般都为结构化面试，公务员录用面试即为结构化面试。

半结构化面试是指只对面试的部分因素有统一要求的面试，如规定有统一的

---

① 柳思语，杨亚凯．企业招聘与选拔流程的创新与实践探究 [J]. 商讯，2024（9）：99-102.

程序和评价标准，但面试题目可以根据面试对象而随意变化。比如，在面试过程中自我介绍为统一必答项目且有时间限制标准，其他面试环节则根据个人的具体情况来进行问答。

非结构化面试是对与面试有关的因素不作任何限定的面试，也就是通常没有任何规范的随意性面试，类似人们日常非正式的交谈。

（2）根据面试对象人数

根据面试对象人数，可分为个人面试与集体面试。

个人面试是指主考官个别地与应聘者单独面谈，这是最普遍、最基本的一种面试方式。单独面试的优点是能提供一个面对面接触的机会，让面试双方较深入地交流。

集体面试指的是多位应聘者同时面对考官的情况，在集体面试中，通常要求应聘者进行小组讨论，相互协作解决某一问题。这种面试方法主要用于考察应聘者的人际沟通能力、洞察与把握环境的能力、领导能力等。

（3）根据面试目的

根据面试目的的不同，可分为压力性面试与非压力性面试。

压力性面试是将应聘者置于一种人为的紧张气氛中，以考察其应变能力、压力承受能力、情绪稳定性等。典型的压力式面试是以考官穷究不舍的方式连续就某事向应聘者发问，且问题刁钻棘手，甚至逼得应聘者穷于应付，考官以此种“压力发问”方式逼迫应聘者充分表现出对待难题的机智灵活性、应变能力、思考判断能力、气质性格和修养等方面的素质。

非压力性面试是在没有压力的情景下考察应聘者有关方面的素质，让应聘者尽可能发挥其优势。

2. 不同面试方法的特点及适用范围

不同面试方法各有特点，对面试效果有很大影响，不同面试方法的比较如表4–1所示。一般情况下，组织会综合多种面试方法来测试应聘者，使测试结果更加全面、准确（见表4–1）。

表 4–1　不同面试方法的特点及适用范围

面试方法	结构化面试	非结构化面试	混合式面试	非压力面试	压力面试
特点	标准化、程序化	大致确定面试的内容，随意性较强	结合两方面的特点	面试情景和谐、轻松	考官故意制造压力；可能会问一些不礼貌甚至具有冒犯性的问题
适用范围	教育背景、作经验客观因素的考察	个人能力、综合素质等主观因素的考察	适用范围较广	适用范围较广，应聘者尽可能展示自己的优势	对心理素质要求较高的工作岗位

（三）心理测试

心理测试是通过对一部分人某些代表性行为的研究，以推断人们在行为活动中心理状态及其变化的一种方法。心理测试能够在一定程度上弥补传统人事测评的不足，能够提高人职匹配的甄选效率，也可用于未来工作绩效的预测，是人员选拔重要测评工具之一。美国 1942 年通过使用佛朗那根（J.C.Flanagen）等编制的全套心理测试选拔程序,使飞行员淘汰率由 65% 下降到 36%。中国空军也于 20 世纪 80 年代中后期开始研制和启用飞行员选拔的心理素质检测系统,使招收飞行员的成功率有了显著提高。

1. 心理测验的分类

一般来说，心理测试常用的是测试量表，主要包括能力测试、人格测试、职业性向测试等测试类型。

能力测试是用来衡量应聘者是否具备完成应聘职位职责所要求的能力。能力测试有两项功能：一是诊断功能，用来判断应聘者目前具备的能力水平；二是预测功能，用于测定应聘者可以发展的潜在能力和成功的可能性。

人格测试也称个性测验，目的是了解内隐于应聘者中能够驱动组织绩效的人格特质，如性格、气质等，以此作为人员甄选的依据。对组织而言，一个干劲十足、心理健康的员工，远比一个情绪不稳定、积极性不高的员工更有价值，个人的性格缺陷会使其所拥有的才能大打折扣。

职业性向是指人们对具有不同特点的各类职业的偏好和从事这一职业的愿望。职业性向测验就是提示应聘者对工作特点的偏好，即应聘者喜欢从事什么样的职业，应聘者的这一态度会在很大程度上影响其工作绩效和离职率。

2. 心理测试应注意的问题

随着心理测试在越来越多的企业中广泛使用，心理测评方法的有效实施需要注意以下问题。

（1）选择合适的测评工具

企业应该选择标准化的测试工具，经过多年开发应用的标准化心理测试一般都具有良好的信度和效度，非标准化的各种测试没有经过严谨的信度和效度检验，就无法保证其测试结果准确、可信。例如，网络上经常推出一些星座、属相等测试，不仅容易造成资源的浪费，而且达不到甄选的目的。

（2）针对具体岗位选择心理测试的内容和工具

任何测试都是有对象性和目的性，不存在普适性的测量工具，那些不顾甄选需要，盲目迷信心理测试，对数据进行扩大化的解释，往往会造成甄选的失败。所以心理测试要求测评人员具有一定的专业水平，并对工具选择、测评程序、测评结果进行有准备的选择、把控和分析。

（3）认识心理测试技术本身的弱点

心理测评大部分是通过量表的形式让被试者填写，分数完全取决于应聘者的作答，作答过程中测评工作人员很难把控应聘者作答的状态以及外部因素对其影响，容易造成结果失真，所以甄选方案中不能完全依赖心理测试结果，必须联合其他甄选手段加以甄别。

（四）评价中心技术

评价中心是一个综合、全面的测评系统。评价中心技术通常将被评价者置于一个模拟的工作情境中，采用多种测评技术，观察被评价者在这种模拟工作情境中的行为表现，用以识别被评价者未来的工作潜能。评价中心所采用的情境性测验包括多种形式，评价中心技术主要包括文件筐测试、无领导小组讨论、案例分析、角色扮演、管理游戏、演讲、模拟面谈等。其中最常用的是文件筐测试、无领导小组讨论、案例分析、角色扮演和管理游戏。

1. 文件筐测试

文件筐测试，也称公文筐测试，是评价中心最常用、最具特色的工具之一。在文件筐测试中，被评价者假定要接替某个领导或管理人员的职位，测试要求受测人员以领导者或管理人员的身份模拟真实生活中的情境和想法，在规定条件下（一般是比较紧迫而困难的条件，如时间较短、提供信息有限、孤立无援、外部环境陌生等）对各类公文材料进行处理，并写出公文处理报告。评价人员通过观察应聘者在规定条件下处理过程的行为表现、分析公文处理报告、事后的访谈等手段，评估应聘者的计划、组织、预测、决策和沟通能力。

2. 无领导小组讨论

无领导小组讨论又叫无主持人讨论，是评价中心中应用范围较广的测评技术。无领导小组讨论就是把几个应聘者组成一个小组，给他们提供一个议题，事先并不指定主持人，让他们通过小组讨论的方式在限定的时间内给出一个决策，评价者通过对应聘者在讨论中的言语表现及非言语行为的观察来对他们作出评价的一种测评形式。已有研究和管理实践表明，无领导小组讨论对于评价应聘者的分析问题、解决问题能力，衡量他们的社会技能，尤其是领导素质有很好的效果。

3. 案例分析

案例分析通常是让应聘者阅读一些关于组织中存在问题的材料，然后提出问题，在问题中要求应聘者阅读分析给定的资料，依据一定的理论知识，或作出决策，或作出评价，或提出具体解决问题的方法或意见等。案例分析题属于综合性较强的题目类型，考察的是高层次的认知目标。它不仅能考察应聘者了解知识的程度，而且能考察应聘者理解、运用知识的能力，更重要的是它能考察应聘者综合、分析、评价方面的能力。研究表明，不同职业背景、不同职位、不同学历、不同经历的人在案例分析中的表现存在明显差异。因此，若案例分析题目得当，则将非常适用于中高层管理者的选拔，这既适用于个别施测，也适用于团体施测，尤其当条件受限，其他测评方法不便使用时，适合采用。

4. 角色扮演

角色扮演要求多个应聘者共同参与一个管理性质的活动，每个人扮演特定的角色，模拟实际工作中的一系列活动。角色扮演能够有效地考察应聘者的实际工作能力、团队合作能力、组织协调能力、创造性等。

5. 管理游戏

管理游戏是指给每位应聘者分配一定的任务，这些任务必须合作才能较好地完成，主考官还会引入一些竞争因素，通过应聘者在完成任务的过程中表现出来的行为测评他们的素质。例如，“小溪任务”这种游戏就是给一组应聘者提供滑轮、铁管、木板、绳索，要求他们把一根粗大的圆木和一块较大的岩石移到小溪的另一端。

除上述甄选方法外，人力资源甄选还有工作申请表、履历分析、笔迹分析等方法。企业根据自身实际，可综合采用，以提高甄选的科学性与准确性。

三、招聘与选拔的流程

（一）招聘前的准备

企业在招聘之前，需要做两项重要的基础性工作，那就是人力资源规划和工作分析。企业的人力资源规划是运用科学的方法对企业人力资源需求和供应进行分析和预测，判断未来的企业内部各岗位的人力资源是否达到综合平衡，即在数量、结构、层次多方面平衡。工作分析，是分析企业中的这些职位的职责是什么，这些职位的工作内容有哪些以及什么样的人能够胜任这些职位。两者的结合会使得招聘工作的科学性、准确性大大加强。

（二）招聘策略的确定

企业要进行招聘工作，一般需要考虑以下几方面的问题：①企业需要招聘多少人员？②企业将涉足哪些人才市场？③企业雇用固定员工，还是采用其他灵活的雇用方式？

在企业内外同时招聘时，企业应在多大的程度上侧重从内外部招聘拥有什么样知识、技能的人才？在招聘中应注意哪些因素的影响？企业应怎样传递关于职务空缺的信息？企业招聘工作的力度如何？对这些问题的回答其实就是招聘的策略。招聘的策略包括对目标人才进行界定，对企业吸引人才的核心优势进行挖掘和推广宣传，以及对招聘渠道和方法的选择等。只有正确的招聘策略才能保证企业的招聘工作有的放矢，百发百中。依据招聘策略以及人力资源规划和工作分析的结果，企业就可以制订详尽的招聘计划。

（三）企业向外发布招聘信息

企业要通过向外发布招聘信息来招聘人才，就需要设计出能够具有引起公众的注意和兴趣、激起求职者申请工作的愿望以及让人看了之后立刻采取行动等特点的招聘广告，即遵循注意—兴趣—愿望—行动四原则。企业在撰写招聘广告时，还需要保证招聘广告的内容客观、真实，要符合国家和地方的法律法规和政策，要简洁明了，重点突出招聘岗位名称、任职资格等内容以及联系方式。

（四）面试体系的设计

理想的面试包括五个阶段：准备、引入、正题、收尾以及回顾。面试准备时，首先要审查求职者的申请表和简历，并注明能表明其优缺点和尚需进一步了解的地方。同时应当查阅工作说明书。在引入阶段，应聘者刚开始进行面试时，面试官适合问一些比较轻松的话题，以消除应聘者的紧张情绪，营造出宽松、融洽的面试气氛；在正题阶段，面试官要按照事先准备或者根据面试的具体进程，对应聘者提出问题，同时对面试评价表的各项评价要素作出评价。主要问题提问完毕以后，面试就进入收尾阶段，这时面试官可以让应聘者提出一些自己感兴趣的问题由面试官解答。在回顾面试阶段，面试官检查面试记录，把面试记录表填写完整。

做好面试前的准备工作，回顾职位说明书，阅读应聘材料和简历，能够帮助面试官更好地对应聘者做出判断，能够帮助应聘者形成对企业的良好印象。若应聘者在面试之前没有做好准备，很可能会使企业失去一些优秀的潜在人才。面试的过程是面试官对应聘者进行判断的过程，也是应聘者对企业进行判断的过程。因此，为了在应聘者的心目中形成对企业的良好印象，面试官必须重视面试前的准备。

面试通用题库包括询问应聘者的基本情况、专业背景、工作模式、价值取向、资质特性、薪资待遇、背景调查等方面的专业题库。

（五）招聘测评体系设计

招聘测评过程又称为选拔过程，就是通过一系列科学的或直观经验的测试方法，挑选出符合组织和岗位要求的人员的过程。招聘测评的方法很多，心理测评、笔试、面试、评价中心技术、系统仿真等都可以作为测评手段。其中，心理测评、笔试、评价中心技术的应用最为普遍。在实际应用中，可以根据需要选择合适的测评方法。招聘测评方案设计有四个步骤：第一步，确定测评的重点维度；第二步，选择和开发能够测评以上维度的工具；第三步，实施测评，反馈测评结果；第四步，跟踪反馈。招聘测评中有两个技术指标，即信度和效度。信度是指测试方法不受随机误差干扰的程度，简单地说，就是指测试方法得到的测试结果的稳定性和一致性程度。稳定性和一致性程度越高，说明测试方法的信度越高；否则，就意味着测试方法的信度越低。效度则是指测试方法测量出的内容的有效程度，也就是说，它在多大程度上能测量出要测的内容。如果有效程度较高，就说明测试方法的效度较高；反之，就表明测试方法的效度较低。为了保证选拔录用的效果，测试方法必须同时具备较高的信度和效度。

（六）员工录用与评估反馈

1. 员工录用

企业人力资源部门决定录用一位职位候选人需要做到以下四步：作出初步录用决策、决定薪酬福利、通知未被录用的应聘者、背景调查。

员工招聘、录用是企业人力资源管理行为中的重要环节，构建员工招聘法律风险防范体系极具现实意义。在这个环节，有如下几个方面的实务问题，应引起招聘负责人的注意：建立健全员工招聘、录用管理规章制度、知情权的使用及证据的保存、防范员工可能带来与原单位有关的法律风险、确定被录用者已解除与原单位的劳动关系等。

与录用员工签订劳动合同应注意的问题：正确确定试用期限，确定并告知试用期内的工作考核及考核标准，在劳动合同中明确约定薪资，约定单方解除劳动合同的违约金或赔偿金。企业构建招聘、录用员工法律风险防范体系，是一个制度层面与实务操作层面规范化运作相结合的过程，企业人力资源从业人员须审慎操作每一个环节，防范法律风险，稳定劳动关系。

2. 招聘评估反馈

在一个完整的招聘过程的最后，应该有一个评估反馈阶段，该阶段在整个招聘工作中扮演着至关重要的角色。这一阶段是对整个招聘活动的一次全面审视，更是对未来招聘实践持续改进的关键依据。

（1）评估反馈阶段的重要性

招聘过程是企业获取人才的重要途径，而评估反馈阶段则是确保这一过程有效性和效率的关键环节。通过评估反馈，企业可以深入了解招聘活动的成效与不足，从而及时调整策略，提高招聘质量。具体来说，评估反馈阶段的重要性体现在以下几个方面。

衡量招聘效果。评估反馈阶段通过对比招聘目标与实际成果，帮助企业准确衡量招聘活动的有效性。这有助于企业了解招聘策略是否达到预期目标，以及是否需要调整招聘计划。

识别问题与挑战。在招聘过程中，企业可能会遇到各种问题，如候选人质量不高、招聘流程烦琐等。通过评估反馈，企业可以及时发现这些问题，并采取相应的解决措施，以提高招聘效率和质量。

优化招聘流程。评估反馈阶段为企业提供了一个审视和改进招聘流程的机会。

通过对招聘活动的全面分析，企业可以发现流程中的瓶颈和冗余环节，从而进行简化和优化，提高招聘效率。

提升雇主品牌。良好的招聘体验有助于提升企业的雇主品牌。通过评估反馈，企业可以了解候选人在招聘过程中的感受，从而有针对性地改进招聘流程，提升候选人的满意度和忠诚度。

（2）评估反馈阶段的内容

评估反馈阶段的内容涵盖招聘活动的各个方面，包括招聘渠道、招聘流程、面试官表现、候选人体验等。具体来说，评估反馈阶段应关注以下几个方面。

招聘渠道评估。分析不同招聘渠道的效果，如招聘网站、社交媒体、内部推荐等。通过对比各渠道的招聘成本、招聘周期和候选人质量，确定最有效的招聘渠道。

招聘流程评估。审视招聘流程的每一个环节，从简历筛选、面试安排到录用决策，确保流程高效、公正且符合法规要求。同时，关注流程中的瓶颈和冗余环节，提出优化建议。

面试官表现评估。评估面试官的专业能力、沟通技巧和面试技巧。通过收集候选人和 HR 的反馈，了解面试官在面试过程中的表现，以便进行针对性的培训和提高。

候选人体验评估。关注候选人在招聘过程中的整体感受，包括沟通效率、面试氛围、决策透明度等。通过收集候选人的反馈，了解招聘流程中的不足，并采取措施提升候选人体验。

招聘成本效益分析。对比招聘活动的投入与产出，分析招聘成本效益。这有助于企业了解招聘活动的经济效率，并为未来的招聘预算提供依据。

（3）评估反馈阶段的实施步骤

为了确保评估反馈阶段的有效实施，企业需要遵循以下步骤。

制订评估计划。在招聘活动开始前，制订详细的评估计划，明确评估目标、内容、方法和时间表。这有助于确保评估工作的有序进行。

收集数据与信息。在招聘过程中，及时收集相关数据和信息，如候选人简历、面试记录、招聘成本等。同时，通过问卷调查、面试反馈等方式收集候选人和面试官的意见和建议。

数据分析与整理。对收集到的数据和信息进行整理和分析，对比招聘目标与实际成果，识别问题与挑战。通过数据分析，提炼出有价值的见解和建议。

撰写评估报告。根据数据分析结果，撰写详细的评估报告。报告应包括招聘活动的成效、问题与挑战、改进建议等内容。报告还应具有可读性和可操作性，以便管理层和相关部门了解并采纳。

沟通与反馈。将评估报告提交给管理层和相关部门，并进行沟通与交流。通过讨论，达成共识，确定改进措施和行动计划。同时，将评估结果和改进措施反馈给参与招聘活动的员工，鼓励他们积极参与改进工作。

实施改进措施。根据评估报告和沟通结果，制订并实施改进措施。这包括优化招聘流程、加强面试官培训、提升候选人体验等方面。通过持续改进，提高招聘质量和效率。

（4）如何利用评估反馈优化招聘流程

评估反馈阶段为企业提供了宝贵的改进机会。为了充分利用这些反馈，企业需要采取以下措施来优化招聘流程。

定期回顾与调整。将评估反馈作为招聘流程定期回顾与调整的依据。通过定期分析招聘数据和候选人反馈，及时发现流程中的问题并进行调整。这有助于确保招聘流程始终符合企业需求，适应市场变化。

加强沟通与协作。加强人力资源部门与业务部门之间的沟通与协作。通过共享评估结果和改进建议，促进双方对招聘流程的共同理解和改进。这有助于确保招聘活动与企业战略和业务需求保持一致。

引入新技术与工具。利用新技术和工具来提高招聘效率和候选人体验。例如，引入人工智能简历筛选工具、在线面试平台等，可以简化招聘流程，提高招聘效率。同时，通过数据分析工具对招聘数据进行深入挖掘和分析，可以发现更多有价值的见解和建议。

注重面试官培训与提升。面试官的专业能力和沟通技巧对招聘结果具有重要影响。因此，企业必须注重面试官的培训与提升工作。通过定期培训和考核，提高面试官的专业素养和面试技巧。同时，鼓励面试官积极参与招聘流程的改进工作，为招聘流程的优化贡献智慧和力量。

建立持续改进机制。将评估反馈作为持续改进招聘流程的机制。通过不断收集和分析数据、发现问题并采取措施进行改进，形成良性循环。这有助于确保招聘流程始终高效、公正且符合企业需求。

参考文献

[1] 曹文春 . 目标管理视角下企业经济管理的创新探讨 [J]. 中国市场，2023（21）：96–99.

[2] 杜文欣 . 客户集中度对企业投资活动影响研究 [D]. 广州：广东外语外贸大学，2024.

[3] 郭艳妮 . 企业经济管理的现状与创新措施 [J]. 花炮科技与市场，2020（2）：44–45.

[4] 何志伟 . 新经济时代企业人力资源管理的创新与发展趋势研究 [J]. 国际公关，2024（22）：31–33.

[5] 贺小山 . 多角度创新人力资源的招聘与选拔方法 [J]. 人力资源，2024（6）：124–126.

[6] 胡晋 .S 农业银行 HP 支行绿色信贷违约风险管理研究 [D]. 西安：西安理工大学，2024.

[7] 黎孟佳 . 人力资源管理强度对员工工作绩效的影响研究 [D]. 雅安：四川农业大学，2024.

[8] 李晶 . 经济管理理论与经济发展探索 [M]. 北京：线装书局，2024.

[9] 李越杰 . 计算机数学与经济管理基础知识 [J]. 商讯，2019（4）：86.

[10] 刘海，王晓钰，王政为，等 . 基于 Hadoop 的大数据职位分析系统的设计与实现 [J]. 信息与电脑（理论版），2022，34（1）：110–112.

[11] 柳思语，杨亚凯 . 企业招聘与选拔流程的创新与实践探究 [J]. 商讯，2024（9）：99–102.

[12] 马文婷 . 企业经济管理的风险控制对策研究 [J]. 商场现代化，2022（6）：61–63.

[13] 苏小明 . 市场经济条件下企业经济管理模式分析 [J]. 商讯，2019（7）：57 ＋ 59.

[14] 田斌编 . 人力资源管理 [M]. 成都：西南交通大学出版社，2019.

[15] 王成，李明明 . 经济管理创新研究 [M]. 北京：中国商务出版社，2023.

[16] 王建伟 . 经济管理的实践与创新 [M]. 北京：中国原子能出版社，2021.

[17] 王健 . 现代企业经济管理模式的规范化策略探究 [J]. 科技经济市场，2024（4）：97–99.

[18] 温旺旺 . 人力资源规划对企业高质量发展的影响分析 [J]. 中国集体经济，2024（31）：77–80.

[19] 杨柳 . 经济周期对人力资源需求和供给的影响及应对策略分析 [J]. 宁波经济（财经视点），2024（7）：43–44.

[20] 张涛 . 企业人力资源供给与需求平衡的分析 [J]. 北方经贸，2015（2）：157+161.

[21] 张祯祎，郭妮 . 新形势下企业经济管理的创新策略 [J]. 上海轻工业，2023（2）：82–84.